JN191438

初心者でもすんなり読める

ゼロから始める

ホツマツタヱ

NAVI彦 著

かざひの文庫

はじめに

ほんの数年前まで、「日本神話」をほとんど知りませんでした。

天照大神といえば、伊勢神宮に祀られている女神さま？　スサノオって聞いたことはあるけれど、誰とどういう関係？　八岐大蛇を倒したのは、ヤマトタケル？　という程度です。学校では習わないことですから、映画や漫画やゲームのなかで断片的に触れるしかありませんでした。

父方の本家は神職の家系だったので、「神社」という場所には幼いころから親しんでいました。けれどもご祭神や由緒を意識したことはなく、ただ年末年始など折々に訪ねてゆく親戚の家といったところです。祝詞を奏上する祖父の姿を、かっこいいとは思うものの、祝詞を覚える気にはなりませんでした。

二十代も半ばになったころ、せめて日本神話くらい知っておきたいなと思って、日本の神話や歴史が記されているという『古事記』を買ってみました。そうして数ページを読んでみたのですが、登場する神さまのあまりの多さに面食らってしまい、以後はずっと、本棚の肥やしとなっていました。

二十代から三十代のはじめまでは、小劇団の主宰をしていました。脚本・演出・出演・大道具・小道具・映像制作などをすべて兼ねていたのは、金銭的な理由からです。こうした暮らしが、のちに妻となる彼女にも負担をかけていたのかもしれません。

三十代の半ばに、妻を病でなくしました。とても悲しく、つらいことでした。演劇からも離れてしまったのは、続けてゆくことに限界を感じてしまったからです。おかげで最期のときまで、妻とゆっくり過ごすことができました。とはいえ看取った後にはやはり、疲れきっていました。

そこで伏見稲荷大社へ行くことにしました。あの幻想的な空間に触れれば何かが変わるかもしれない、もし神秘体験でもあれば人生に希望が持てるかもしれない、そんな神頼みでした。千本鳥居を抜けて、いくつものお塚を巡るうちに、気がつけば稲荷山のはずれにある大岩に来ていました。陽の光に照らされてきらきらと輝く大岩に、しばらくのあいだぼんやり見惚れていましたら、不思議と元気も沸いてきました。

よくわからないけれど、やはり「神さま」には何かあるかもしれない、そんな思いからいまいちど日本神話への興味を呼び覚ますと、日本神話を教えているという講座に飛びこみました。そこで『ホツマツタヱ』に出会ったのです。

連続講座への途中参加でしたから、話の内容もよくわかりません。ただ、聞こえてくる言葉をつないでいくと、天照大神（ホツマツタヱでは「アマテラスヲヲンカミ」といいます）は「男神」だというのです。そして男神であるからには后や側室がいて、そのうちのモチコ・ハヤコという姉妹の側室と関係がこじれてしまい、これがヤマタノオロチや、出雲へ繋がったというのでした。

神話といえば天上世界の話ですから、非現実的なイメージがありました。ところがホツマツタヱでは、すべてが現実的に描かれていました。というのも、ホツマツタヱの「神（かみ）」とは天上世界の存在ではなく、集団を治める長という意味の「守（カミ）」であり、人間だったというのです。日本神話を思うときにいつも気になっていたのは、いつまでが神話でいつからが歴史なのだろうということです。ホツマツタヱはこれに、はじめからずっと人の歴史だったとこたえてくれたのでした。

こうしてホツマツタヱに魅了されてしまうと、まずはホツマツタヱゆかりの地を巡るようになりました。そのうちにホツマツタヱの旅と考察をブログにあげるようになり、しだいに土地や歴史にも興味を持つようになりました。ある日ふと、本棚に眠っていた古事記を手に取ってみますと、すらすらと読むことができました。これもまた、ホツマツタヱの効果といえます。

さらに昔取った杵柄のように台本を書いて映像編集をして、ホツマツタヱを解説する動画をYouTubeに公開するようになりました。するとこうしたことが、ホツマツタヱの先生がたの目に留まったようです。ホツマツタヱの研究同人誌『検証ほつまつたゑ』の編集長である原田峰虎様（とらさん）からお声掛けいただいて、記事を寄稿するようになりました。気がつけば、ホツマツタヱの世界にどっぷりと浸かっていたのです。

こうしたご縁が巡って、この度は書籍を出版する機会をいただきました。これも多くの皆さまに支えられてのことだと感じています。本当にありがとうございます。

この本は『ホツマツタヱ』の入門書となっています。ホツマツタヱの全文や、ホツマツタヱの世界観をざっくりとまとめてあります。「日本神話」を知らなかったぼくが、日本神話に親しんでいった足跡をたどるような本になりました。

もし本書に目を通してもっと詳しい内容にご興味を持たれましたら、ぜひ『はじめてのホツマツタヱ』（著：今村聰夫）をお手に取っていただけたらと思います。今村聰夫先生のご著書から、ぼくも多くを学びました。

NAVI彦

目次

第1章

ホツマツタヱとは何なのか？

そもそもホツマツタヱって？

『ホツマツタヱ』は、日本の歴史書です。

日本最古の現存する歴史書といえば、『古事記』と『日本書紀』が知られています。世界のはじまりから、天界の神々の暮らしや、皇室の歴史について記された書物で、奈良時代のはじめに編纂されたといわれています。日本の神話や神社の由緒というのは、基本的に古事記・日本書紀をもとに語られています。

現存しない歴史書では、天皇記・国記や帝紀・旧辞が日本最古といわれています。現存しないので内容は不明ですが、飛鳥時代に編纂された書物といわれ、古事記・日本書紀を編纂する際の資料になったと考えられています。

古事記・日本書紀も、天皇記・国記や帝紀・旧辞も「漢字」によって記された書物です。大陸から「漢字」が伝来したことで、日本ははじめて「文字」を使えるようになり、ようやく歴史を書き残すことができたといいます。日本には「言語」はあったけれども、「文字」はなく、歴史は口伝えという「言語」によってのみ受け継がれてきたそうです。「漢字」の伝来によって「文字」を得たことで、口伝えの歴史を「文字」として残すことができるようになり、各地に伝えられてきた「言語」の歴史を、「文字」としてまとめたものが、日本最古の歴史書とされています。つまり「漢字」が伝来したから、歴史書ができたという流れです。

しかしながら「漢字」伝来以前から、日本には「文字」があったという説もあります。「漢字」とは異なる古代の「文字」で書かれた古文書やご神体などが、日本各地で見つかっているというのです。こうした謎の古代文字を総称して「神代文字（かみよもじ）」といいます。

もし「神代文字」が存在していたとしたら、「漢字」伝来以前の日本にはすでに「神代文字」で記された歴史書があったとしてもおかしくはありません。

ホツマツタヱはそんな「神代文字」のひとつである「ヲシテ」で記されています。「○・△・□」などの図形に「|・―」などの線を組み合わせた記号のような「文字」です。ホツマツタヱはこの「ヲシテ」によって、弥生時代に編纂されたといわれています。

「ヲシテ」という日本古来の「神代文字」によって、「漢字」伝来以前からすでに存在していた、日本最古の歴史書が『ホツマツタヱ』というわけです。書かれている内容も古事記・日本書紀とよく似ていることから、ホツマツタヱは古事記・日本書紀の原典になったといわれています。

ホツマツタヱの時代

日本の歴史を、ざっくりと時代区分で並べるとこのようになります。

旧石器時代
縄文時代
弥生時代
古墳時代
飛鳥時代
奈良時代
平安時代
鎌倉時代
室町時代
江戸時代
近現代（明治・大正・昭和・平成・令和）

日本に「漢字」が入ってきたのは、弥生時代のおわりごろといわれています。ただしこのときはまだ「文字」としての認識はされておらず、「記号」として認識されていたといいます。古墳時代になって大陸との交流が盛んになると、ようやく「文字」として理解されたようです。飛鳥時代には「漢字」によって天皇記・国記や帝紀・旧辞が記され、奈良時代には古事記・日本書紀が記されました。このように長い時間をかけて、「漢字」は「文字」として日本に取り込まれたようです。

ホツマツタヱは弥生時代に編纂されたといいましたが、「ヲシテ」という「文字」そのものは、縄文時代から使われていたといいます。縄文時代の「文字」の存在は、学術的には否定されています。縄文時代の遺跡からも、「文字」に関わる遺物は見つかっていません。けれども縄文時代には、高度な文化があったことはわかっています。そこで縄文文化を「縄文文明」と呼ぶ動きもあります。「文化」と「文明」をわけるのも、「文字」だといいます。メソポタミア文明やエジプト文明などの古代文明はいずれも「文字」を持っていました。「文字」のほかにも条件はいくつかあるのですが、ホツマツタヱに記されているひとびとの営みは「文明」と呼ばれる条件を満たしています。日本の縄文文化が「縄文文明」となれば、世界の名だたる古代文明と並ぶことになります。『ホツマツタヱ』や「ヲシテ」は、その可能性も秘めているようです。

ホツマツタヱは神話なの？

どこまでが神話で、どこからが歴史なのか、これはとても難しい問題です。

古事記・日本書紀に記されているのは、天地開闢（てんちかいびゃく）にはじまる神々の物語です。天界に暮らしていた神々は、やがて地上に降りてきて統治をおこないました。その子孫が天皇に即位して、現在までつづく皇室を築いたことが描かれています。

世界のはじまりや、天界の神々について語られる部分が、いわゆる神話です。その子孫が天皇に即位して皇室を築いてゆく部分は、歴史といえるでしょう。

古事記・日本書紀は、神話的な「神代（かみよ）」編と、歴史的な「人代（ひとよ）」編に分かれています。天地開闢から初代天皇即位までが「神代」であり、初代天皇が即位してからが「人代」となっています。古事記・日本書紀では、神話と歴史の境目を「初代天皇即位」としているようです。

初代天皇（神武天皇）が即位したのは、紀元前660年とされています。これは縄文時代のおわりごろですから、縄文時代以前は神話の世界となるのでしょうか。

ホツマツタヱは古事記・日本書紀の原典になったといわれますが、内容については異なる部分もたくさんあります。神話と歴史の境目も、異なる部分のひとつです。

ホツマツタヱでは、そもそも「神」と「人」が分かれていません。「神」ははじめから地上に暮らしていた「人」だったといいます。ホツマツタヱにおける「カミ」とは、いわゆる「神(かみ)」という存在ではなくて「守(かみ)」だったといいます。ひとびとをまとめる長(おさ)という意味であり、同じ人間だったというのです。

古事記・日本書紀では、神は超然的な力によって万物を生みだしてゆきます。神はあらゆるおこないのなかから神を生むという、特別な存在として描かれています。

ホツマツタヱでは、父と母が交わることで子が生まれます。天照大神も、父イサナギと母イサナミの交合から産まれました。母親のお腹から産まれるという、自然の営みとなっています。このように「神」の神話はすべて「人」の歴史として描かれていますから、神話と歴史の境目がわかりません。神話的な部分まで遡るならば、この世界のはじまりである天地開闢の時代となります。ホツマツタヱにおける神話と歴史の境目は、古事記・日本書紀よりも遥かに古いようです。

（ホツマツタヱでは「神」ではなく「守(かみ)」なのですが、この表記ではとてもわかりにくくなってしまいますので、ここから先も「神」と表記してゆきます）

ホツマツタヱの構成

古事記・日本書紀が「神代」編と「人代」編に分かれているように、ホツマツタヱも前編と後編に分かれています。分かれ目も同じく「初代天皇即位」の前後です。むしろ古事記・日本書紀において「神代」と「人代」が分かれているのも、ホツマツタヱが前編と後編に分かれていたからともいえそうです。

前編と後編では、成立時期も異なっています。前編は初代天皇即位前に編纂されたといわれています。ですので縄文時代には、すでに成立していたようです。後編が編纂されたのは12代天皇（景行天皇）の世といわれます。こちらが弥生時代にあたります。縄文時代に記された前編に、弥生時代になって後編を足し合わせたようです。

さらに前編も2部構成になっていて、「ア」の巻と「ワ」の巻に分かれています。「ア」ははじまりの音であり、訳すなら「天（ア）」となります。「ワ」はおわりの音であり、訳すなら「地（ワ）」となります。「ア」ではじまり「ワ」でおわるという構成ですから、もともとはここで完成していた書物だったようです。「ア」の巻と「ワ」の巻の分かれ目は、古事記・日本書紀でいうところの『天孫降臨（てんそんこうりん）』にあたります。天界に暮らしていた神が、地上の世界に降りてきたという大転換期なのですが、「天」から「地」に降りてくるというのも、ホツマツタヱの「天（ア）」の巻と「地（ワ）」の巻に合わせたのかもしれません。

12代天皇の世に編纂された後編は「ヤ」の巻といいます。「ヤ」を訳すなら「人（ヤ）」となります。「天」と「地」で完成していた前編に、後編の「人」を足し合わせることで「天地人（アワヤ）」としたようです。「天」と「地」と「人」を結んで、万物すべてをあらわす書物としたのでしょうか。古事記・日本書紀において、「初代天皇即位」以降を「人代」というのも、ホツマツタヱの「人（ヤ）」の巻に合わせたのでしょう。

各巻は、それぞれ章ごとに分かれています。ホツマツタヱでは「章」のことを「アヤ」といい、全編を合わせると40章（アヤ）あります。「ア」の巻は1章から16章、「ワ」の巻は17章から28章、「ヤ」の巻は29章から40章となっています。

ホツマツタヱ

	章	巻	時代
前編	1～16	ア（天）	縄文時代
	17～28	ワ（地）	
後編	29～40	ヤ（人）	弥生時代

ホツマツタヱはポエム？

ホツマツタヱは、全編が五七調の長歌で記されています。その数はおよそ1万700余行におよび、合わせて11万字を越えるといわれます。

神話や歴史などが、韻律をもって語り継がれた文章を叙事詩といいます。五七調で記された歴史書のホツマツタヱも叙事詩といえます。縄文時代の日本に叙事詩があったとしたら、メソポタミア文明の『ギルガメッシュ叙事詩』や、古代ギリシャの『イーリアス』に、日本の『ホツマツタヱ』が並ぶこととなります。だとするとまさに「縄文文明」といえそうです。

なによりも見事なのは、ホツマツタヱのなかで詠まれている「歌」の数々です。日本語の美しい響きをともなう歌であり、読んだり聞いたりするだけでも心地良いのですが、そこにはさらにいくつもの掛け言葉があり、たくさんの意味が含まれています。暗号文を解読するようにそれらを読み解いてゆくと、歌に秘められた神々の思いや真意に触れることができるのです。そこから古事記・日本書紀ではわからなかった、神話や歴史の隠された真実を読み取ることもできてしまいます。

ホツマツタヱには「歌の指南書」といった面もあります。冒頭にあたる第1章も「和歌」について語られるほど歌を大切にしています。世界中の多くの神話が、この世のはじまりである「天地開闢」から語られるのに対して、ホツマツタヱでは「天地開闢」よりも先に「歌」について語られているのです。これは驚異的なことといえます。

歌を詠むことは「言葉」や「文字」に通じることであり、「言葉」や「文字」というのは歴史のなかで育まれてゆくものです。ホツマツタヱは歌を説くことで「言葉」や「文字」を教え、それらの背景として歴史へ導いていく書物ともいえるでしょう。

ホツマツタヱの歌は、古事記・日本書紀にも残されています。ただしそれは部分的であったり、韻律が五七調ではなかったりするので、意味も通じにくくなっています。逆にいえば、古事記・日本書紀において難解な歌であっても、ホツマツタヱに立ちかえれば意味がわかるということが多々あります。

歌だけでなく、物語においても違いを読み比べることができます。歴史は「勝者の物語」といわれ、勝者に都合の悪い部分は消されてしまうそうですが、ホツマツタヱにはそうして消された歴史が残っているとも考えられています。ですからホツマツタヱは、古事記・日本書紀だけでなく、日本の歴史をひも解く手掛かりにもなるのです。

ホツマツタヱって偽書なの？

ホツマツタヱは、偽書といわれています。「神代文字」は学術的に否定されているため、ホツマツタヱもまた偽物とされているのです。ホツマツタヱの写本は、江戸時代中期のものが最古です。それ以前の写本や資料は見つかっていないので、江戸時代中期に創作されたものだといわれています。

江戸時代中期といえば国学が興った時期でもあります。国学とは、日本という国の成り立ちについて、神道などの思想や伝統文化などの精神を研究する学問です。なかでも「国学の四大人（しうし）」と称えられる本居宣長（もとおりのりなが）は、古事記の研究をおこない史書としての価値を高めました。そうした流れのなかで同じく四大人の平田篤胤（ひらたあつたね）は『神字日文伝（かんなひふみのつたえ）』において日本各地にあった「神代文字」を収集・研究しています。また滋賀県三井寺の住職である敬光（けいこう）も『和字考（わじこう）』において「神代文字」をまとめていました。漢字伝来以前からあったという日本固有の「文字」の存在は、日本の精神文化にも深く関わることから熱心に研究されていたようです。そうした国学が隆盛するなかで、国学にとって都合のよい「神代文字」やホツマツタヱが**創作された**とみなされているようです。

さらにいえば、縄文時代や弥生時代の遺跡から「神代文字」が見つかったという話もいまだありません。ほかにもさまざまな理由から、ホツマツタヱは否定されています。

ホツマツタヱの研究者は、これに対して反証をおこなってきました。そうしてホツマツタヱが、古代の文献であることを証明しようとしてきました。ここには筆舌に尽くしがたい論争があったようです。

ですが、ごめんなさい。情けない話ではありますが、ぼくはあまり真偽に興味がありません。ホツマツタヱを詠み味わうことを、ただただ楽しんでいるのです。

ホツマツタヱに描かれている物語や教えは、いまでも十分に通用するものだと思います。たとえこれが江戸時代の文献であったとしても、それは変わりません。これを知るだけで気持ちが楽になって、心豊かに暮らせるようになります。「神」の恩恵ではなく「人」の営みが描かれているので、身近な神社やご縁のある神さまについても、より親しみをもてるようになります。また、古事記・日本書紀ではわからなかったご祭神や由緒が、ホツマツタヱには詳しく載っていることがあります。それは土地の古い伝承とも一致していることが多く、ホツマツタヱの痕跡に日本各地で触れることができるのです。この感動はほかにたとえようがありません。

ホツマツタヱが真の縄文文献であると証明することは、ほかの研究者のかたがたにお任せすることとして、ぼくとしてはホツマツタヱに描かれていることが事実であったなら、どのようなことが起こるのか、その可能性についてみてゆきたいと思います。

ホツマツタヱの写本

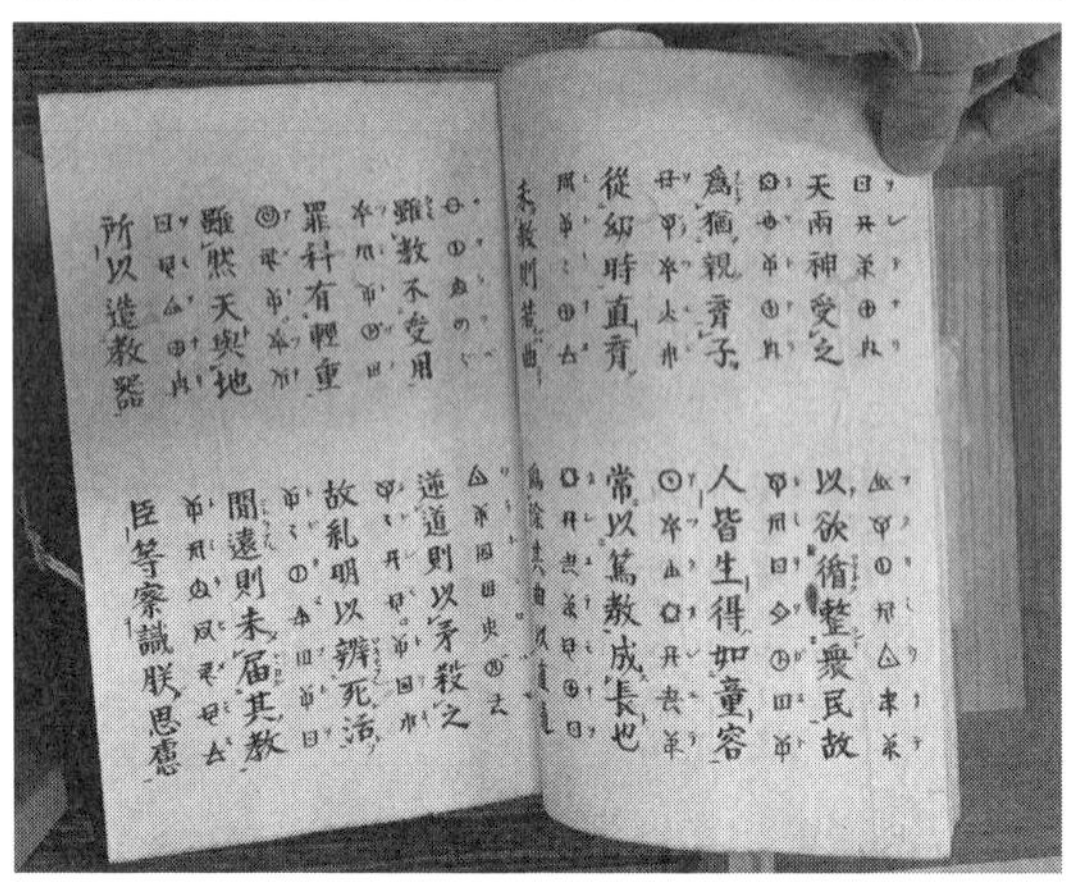

ホツマツタヱの神さまたち

ホツマツタヱにはたくさんの神さまが登場します。その活躍も人間的に描かれているので、とても親しみやすくなっています。ただ、古事記・日本書紀もそうなのですが、神さまの名が多すぎて読みきれません。かつてはぼくもそのために、日本神話をあきらめました。細かい部分まで知りたいときには良いのですが、ざっくりでいいから知っておきたいときには、どうにも心が折れてしまいます。ですので、この本ではなるべく登場する神さまを減らしました。個人的に崇敬している神さまも、やむなく割愛しているため大変心苦しいのですが、気になったかたはぜひ、神話の世界を深堀りしてみてください。

ここではホツマツタヱの神々を登場人物紹介のように語ってみます。基本的には、時代ごとの君主とその関係者にしぼりました。というのも日本の歴史というのは、歴代の君主からみると、全体の流れをつかみやすくなるからです。

日本の歴史をざっくりと眺めてみますと、まず天地開闢のちに、原初の神からはじまる7代があります。これを一般的には「天神七代（てんじんしちだい）」といいます。つづいて天照大神からはじまる5代があります。これを一般的には「地神五代（ちじんごだい）」といいます。さらに初代天皇から、現在の126代までつづいています。ホツマツタヱはこのうち、12代天皇までの歴史が描かれています。詳しくは下の表をご覧ください。

ホツマツタヱも古事記・日本書紀も、「天照大神」を中心とした物語になっていますので、「天照大神」を枠で囲んでいます。この表に合わせて時代の流れとともに、ホツマツタヱの神さまを紹介してゆきます（記紀の神名とは微妙に違うものもあります）。ただ、はじめは神さまをすべて覚える必要もありません。どなたか気になるかたをひとりでも見つけられたなら、幸いといったところです。

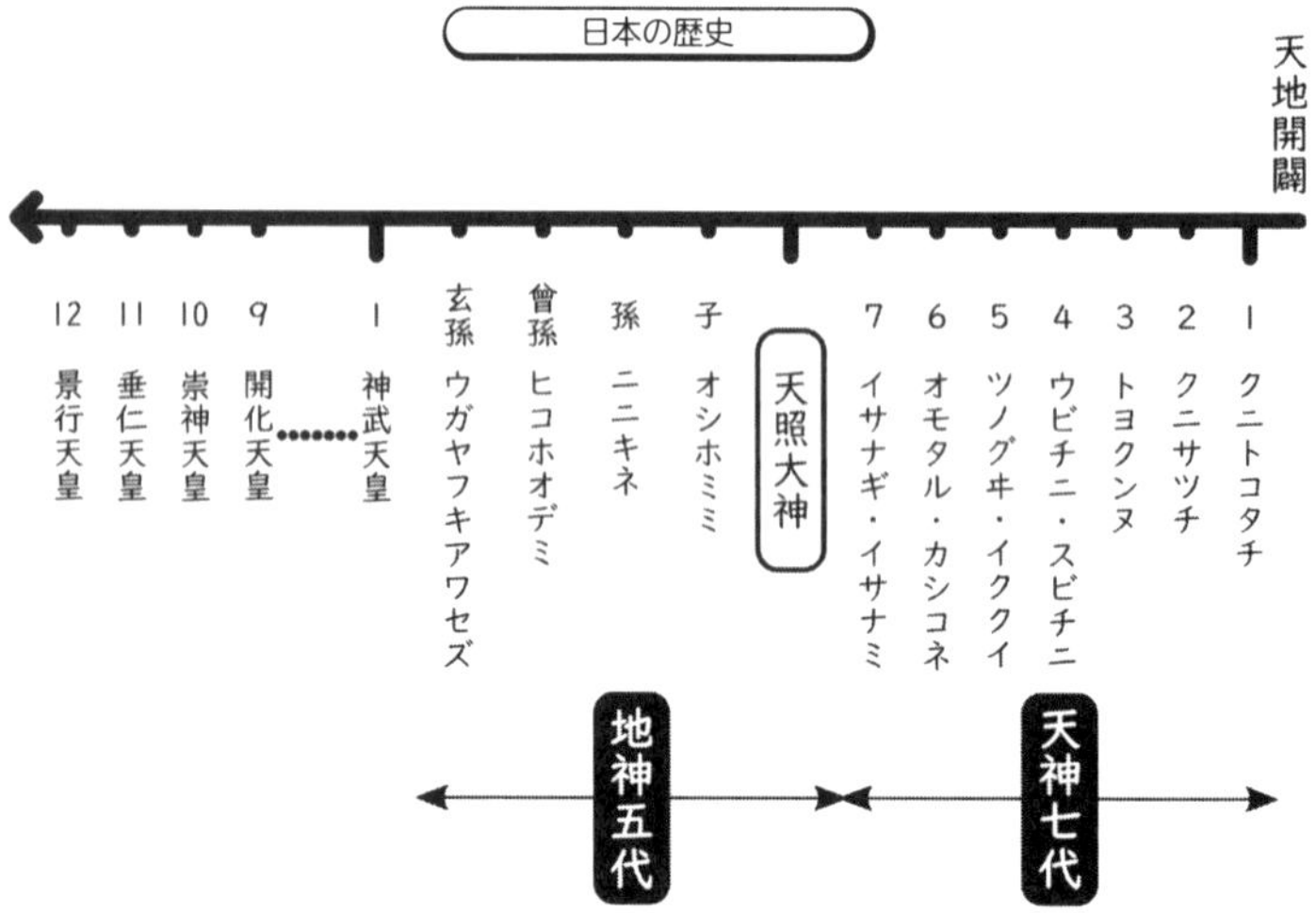

日本の歴史

天地開闢

天神七代
1 クニトコタチ
2 クニサツチ
3 トヨクンヌ
4 ウビチニ・スビチニ
5 ツノグヰ・イククイ
6 オモタル・カシコネ
7 イサナギ・イサナミ

天照大神

地神五代
子 オシホミミ
孫 ニニキネ
曾孫 ヒコホオデミ
玄孫 ウガヤフキアワセズ

1 神武天皇
……
9 開化天皇
10 崇神天皇
11 垂仁天皇
12 景行天皇

アメミヲヤ【天御祖神】

天地開闢をおこなった神です。宇宙を生みだした神、宇宙そのものといえるような存在です。すべての神の祖神であることから「御祖（ミヲヤ）」といわれます。

クニトコタチ【国常立尊】

アメミヲヤが地球に降りてくるさいに、魂の入れ物として作ったのが「人」です。アメミヲヤの御霊（みたま）が宿った最初の人間を「天之御中主神（アメノミナカヌシ）」といいます。このかたがやがて、国を建てたことから「クニトコタチ」と称えられました。ひとびとを導く君主として、初代「天神（アマカミ）」に即位します。

ヱ・ヒ・タ・メ・ト・ホ・カ・ミ【国狭槌尊】

2代天神は、クニトコタチの8人の御子が後を継ぎました。それぞれヱの尊（ミコト）、ヒの尊、タの尊、メの尊、トの尊、ホの尊、カの尊、ミの尊といいます。はじめは「ヱ」が君主だったのですが、やがて「ト」が君主となりました。8人で手分けして国を治めるという連邦制のような国家を築いたようです。首長はクニサッチと呼ばれていました。

ウビチニ・スビチニ【渥土煮尊・沙土煮尊】

4代天神です。本家となった「ト」の子孫にあたります。この時代からひとびとは妻を迎えるようになったらしく、ウビチニは后にスビチニを迎えて、夫婦で国を治めるようになりました。

イサナギ・イサナミ【伊弉諾尊・伊弉冉尊】

7代天神です。6代天神の世に本家が途絶えてしまったので、分家同士を結びつけて7代目を継ぐこととなりました。イサナギとイサナミは5人の御子を産みます。長女ヒルコ、次女ヒヨルコ、長男アマテル、次男ツキヨミ、三男ソサノヲです。このうち次女ヒヨルコは産まれてすぐになくなってしまいました。

ワカヒメ【稚日女尊】

イサナギ・イサナミの第一子である長女ヒルコの称え名です。ヒルコは親の厄年にあたるため一度捨てられて、忠臣のもとで育てられました。親の厄が尽きると、ふたたび親元へ戻ることとなり、名もワカヒメとなります。ワカヒメが詠んだ歌から「和歌」という言葉が生まれました。

アマテルカミ【天照大神】

イサナギ・イサナミの長男の称え名です。富士山の麓で、1月1日の日の出とともに産まれました。イサナギ・イサナミの後を継いで君主となり、富士山の麓に都をひらきます。

世継ぎ問題解消のため12人の妃を迎えるなど政治的な改革もおこなわれました。この時代には国のあり方もおおきく変わっていったようです。

天照大神といえば皇室の祖神です。日本神道の最高神ともいわれ、伊勢の内宮にも祀られています。現在では「女神」とされていますが、ホツマツタヱでは「男神」です。

トヨケカミ【豊受大神】

イサナミの父であり、天照大神の祖父にあたります。6代天神で本家が途絶えたさいには、娘のイサナミと分家のイサナギを結びつけて7代天神を継がせました。また7代天神が即位するまでの君主不在の期間には、天神に代わって政治を担っていました。幼き天照大神にも帝王教育をほどこし、政治改革にも深く関わったようです。

豊受大神といえば、伊勢の外宮の祭神です。現在では「女神」とされていますが、ホツマツタヱでは「男神」です。

ソサノヲ【素戔嗚尊】

イサナギ・イサナミの三男です。ワカヒメや天照大神の弟にあたります。天照大神と対立して、朝廷を追放されるのですが、やがて心を入れ替えて和解すると、出雲を治めるようになります。子孫ともども、国家守護を担う重要な一族となってゆきます。

セオリツヒメ【瀬織津姫】

天照大神の后です。天照大神の世継ぎとなるオシホミミを産みました。

オシホミミ【天忍穂耳尊】

天照大神の子です。長男クシタマホノアカリと、次男ニニキネをもうけました。

クシタマホノアカリ【櫛玉火明命】

天照大神の孫です。オシホミミの長男にあたります。はじめはこのかたが世継ぎでした。けれども弟のニニキネの活躍により、兄弟がともに朝廷をたてることとなります。

ニニキネ【瓊瓊杵尊】

天照大神の孫です。オシホミミの次男にあたります。全国を巡ってかんがい事業をおこない、国を豊かにしてゆきました。

イサナギ・イサナミの家系図

イサナギ ＝ イサナミ

ヒルコ　ヒヨルコ　天照大神　ツキヨミ　ソサノヲ

オホナムチ〔大己貴命〕

ソサノヲの子です。出雲国を継いで繁栄させましたが、謀反の疑いがあるとして国替えさせられます。

クシヒコ〔事代主神〕

ソサノヲの孫です。オホナムチの長男にあたります。ニニキネに仕えて、国家守護の要となりました。右大臣の鑑ともいえる存在です。

アマノコヤネ〔天児屋根命〕

ニニキネ以降3代に渡って仕えた、政界の重臣です。国家祭祀の要となりました。左大臣の鑑ともいえる存在です。

ヒコホオデミ〔彦火火出見尊〕

天照大神の曾孫です。ニニキネの三男にあたります。山狩りを楽しんだことから、山幸彦（ヤマサチヒコ）ともいわれました。兄の海幸彦（ウミサチヒコ）と兄弟喧嘩をしてしまいます。

ウガヤフキアワセズ〔鸕鷀草葺不合尊〕

天照大神の玄孫です。ヒコホオデミの子にあたります。乳母のタマヨリヒメと結ばれて、初代・神武天皇をもうけました。

タケヒト〔初代・神武天皇〕

ウガヤフキアワセズの子です。ニニキネ以降分かれていた2つの朝廷を統一して、初代天皇に即位します。

クシミカタマ〔櫛甕魂命〕

ウガヤフキアワセズと神武天皇に仕えた重臣であり、ソサノヲの子孫にあたります。ホツマツタヱ前編の編纂者でもあります。

ヤマトヒメ〔倭姫命〕

11代天皇の皇女です。天照大神の御霊（鏡）を祀る聖地を求めて、伊勢の地にたどり着きました。伊勢神宮の祭祀をはじめたかたです。

ヤマトタケ〔日本武尊〕

12代天皇の皇子です。西日本や東日本を駆け巡り、熊襲(クマソ)や蝦夷(エミシ)を平定しました。ソサノヲの御霊が輪廻転生した存在だったといいます。

オオタタネコ〔大田田根子命〕

12代天皇に仕えた重臣であり、ソサノヲの子孫にあたります。ホツマツタヱ後編の編纂者でもあります。

ホツマツタヱが書かれた神代文字「ヲシテ」

ホツマツタヱは、「ヲシテ」という「神代文字」で書かれています。「ヲシテ」という言葉には「文字（印璽）」という意味も含まれていますから「ヲシテ文字」というと意味が重複してしまうので、ここでは「ヲシテ」としています。

ホツマツタヱは内容だけでなく「ヲシテ」そのものにも深い意味が込められています。「ヲシテ」は、5つの母音をあらわす図形と、10の子音をあらわす線の組み合わせで、全48音の文字が表記されます。実際にどのようなものかというと、「ヲシテ」の五十音図をご参照ください。

「ヲシテ五十音図」

w	y	s	r	t	m	n	h	k	a	
ワ	ヤ	サ	ラ	タ	マ	ナ	ハ	カ	ア	a
	ヰ	シ	リ	チ	ミ	ニ	ヒ	キ	イ	i
ン	ユ	ス	ル	ツ	ム	ヌ	フ	ク	ウ	u
	ヱ	セ	レ	テ	メ	ネ	ヘ	ケ	エ	e
ヲ	ヨ	ソ	ロ	ト	モ	ノ	ホ	コ	オ	o

まず母音の図形は、横の段でみてゆきます。
一段目は、ア段です。アの母音は「○」です。
二段目は、イ段です。イの母音は「∩」です。
三段目は、ウ段です。ウの母音は「△」です。
四段目は、エ段です。エの母音は「ã」です。
五段目は、オ段です。オの母音は「□」です。

つづいて、子音の線を、縦の列でみてゆきます。
一列目は、アイウエオです。この列の子音は「・」です。
二列目は、カキクケコです。「k」の子音は「｜」です。
三列目は、ハヒフヘホです。「h」の子音は「‖」です。
四列目は、ナニヌネノです。「n」の子音は「十」です。
五列目は、マミムメモです。「m」の子音は「丅」です。
六列目は、タチツテトです。「t」の子音は「Y」です。
七列目は、ラリルレロです。「r」の子音は「人」です。

八列目は、サシスセソです。「s」の子音は「一」です。
九列目は、ヤヰユヱヨです。「y」の子音は「⊥」です。
十列目は、ワ　ン　ヲです。「w」の子音は「◇」です。

「w」の子音は、イ段とエ段の音がない3音の列です。この列で2音が抜けているので、50音ではなく48音となります。5つの母音と、10の子音を覚えてしまえば、誰にでも書くことも読むこともできるというのが「ヲシテ」です。江戸時代の写本でも「ヲシテ」なら原文のまま読めてしまいます。「漢字」の古文書は判読ができなくても、「ヲシテ」の古文書なら読めるというのは、「ヲシテ」が時代を問わない「文字」であり、誰にでもひらかれていた「文字」ではないかと思わせてくれます。

厳密にいえば子音ではなく「父音」であり、父音と母音によって「音」が生まれるという考え方のようです。ですがこれではわかりにくくなってしまうので、ひきつづき「子音」とします。子音の並びは、現在とはすこし違っています。「アカサタナハマヤラワ」の順ではなくて「アカハナマタラサヤワ」の順です。母音にも子音にもそれぞれ意味があり、あえてこの順で並べてあるようです。例えば母音には次のような意味があります。

「○（ア）」母音は、「ウツホ」です。空や気体のことです。
「∩（イ）」母音は、「カセ」です。風のことです。
「△（ウ）」母音は、「ホ」です。火のことです。
「ᘔ（エ）」母音は、「ミツ」です。水や液体のことです。
「□（オ）」母音は、「ハニ」です。土や固体のことです。

「ア・イ・ウ・エ・オ」の母音の並びは「空・風・火・水・土」となります。寺院にある五輪塔や卒塔婆の形も、この並びをあらわしているといいます。インド哲学では五大（ごだい）といわれるもので、自然界にある5つの要素をあらわしています。

「人間」も、この5つの要素を混ぜ合わせて造った存在だといいます。

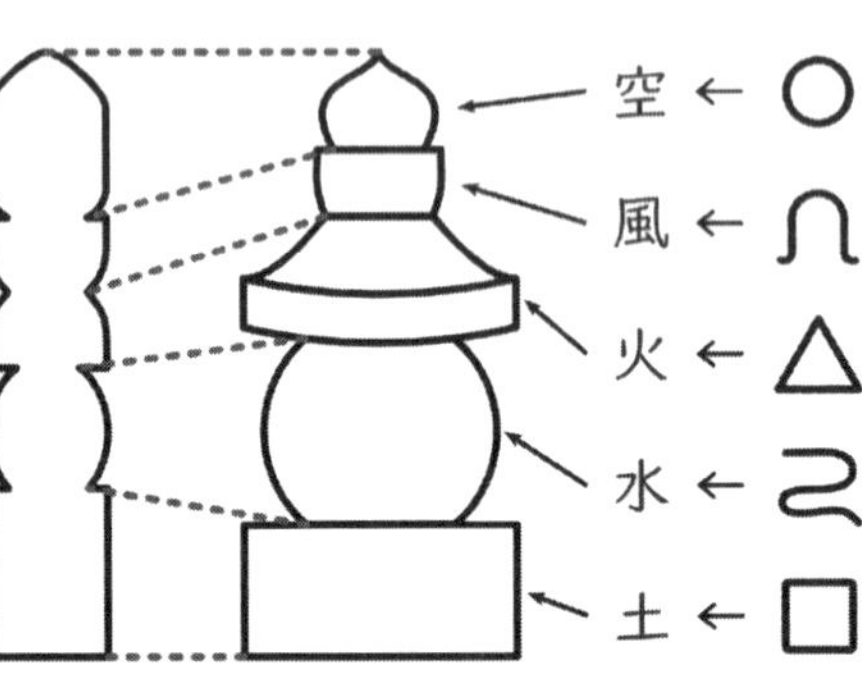

つづいて、子音の意味をみてゆきます。
「・(a)」は、はじまりという意味です。
「｜(k)」は、光を降ろすという意味です。
「‖(h)」は、道を広げるという意味です。
「十(n)」は、男女が交わるという意味です。
「丅(m)」は、新たに生まれるという意味です。
「丫(t)」は、集めて繁栄するという意味です。
「人(r)」は、配って衰退するという意味です。
「一(s)」は、断ち祓うという意味です。
「丄(y)」は、祈りを捧げるという意味です。
「◇(w)」は、おわりという意味です。

「おわり」を迎えると、ふたたび「はじまり」へ戻ります。これは生命の流転をあらわしているようです。ホツマツタヱでは神さまはたびたび輪廻転生をおこないますが、生命がくり返すということは「ヲシテ」のなかでも伝えられているようです。

心身ともに健康になる不思議な歌「アワウタ」

「ヲシテ」の全48音を、重なることなく五七調の歌にしたのが「アワウタ」です。

アカハナマ　イキヒニミウク
フヌムエケ　ヘネメオコホノ
モトロソヨ　ヲテレセヱツル
スユンチリ　シヰタラサヤワ

「ア」ではじまり「ワ」でおわるので「アワ」の歌といいます。現代でいう「いろは歌」のようなものです。歌うだけで心身ともに健康になる不思議な歌といわれています。ここにも古代の叡智が込められているようです。

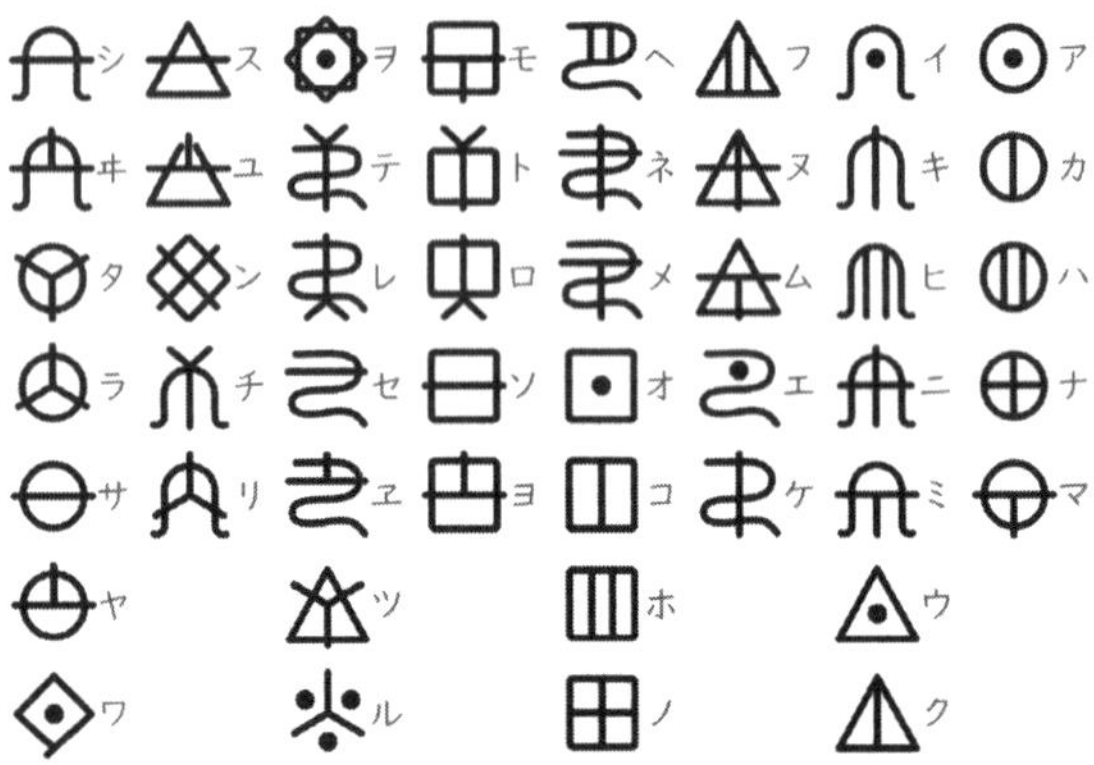

アワウタは「ヲシテ」をひとびとに教える歌でもあります。というのもここには「ヲシテ」の48音表が詠み込まれているのです。まずこの歌を、およそ5音ごとに区切って、2列に並べてみるとこうなります。

アカハナマ　イキヒニミ　ウクフヌム　エケヘネメ　オコホノモ
トロソヨヲ　テレセヱ　ツルスユン　チリシヰ　タラサヤワ

つづいてこれを1列目は上から、2列目は下から順に、横に並べてゆきます。

アカハナマ
イキヒニミ
ウクフヌム
エケヘネメ
オコホノモ

タラサヤワ
チリシヰ
ツルスユン
テレセヱ
トロソヨヲ

この文字列を、上から下に読むのではなく、右から左へ読んでゆきます。

アイウエオ
カキクケコ
ハヒフヘホ
ナニヌネノ
マミムメモ
タチツテト
ラリルレロ

サシスセソ
ヤヰユヱヨ
ワ ン ヲ

アワウタから「ヲシテ」の48音表があらわれてきました。アワウタはこうやって「ヲシテ」を書き教えるために歌われたといわれています。

アワウタを作ったのは、天照大神の父母であるイサナギ・イサナミです。おふたりが即位されたのは、6代天神が世継ぎもなく途絶えた後であり、君主の不在によって国も乱れていたといいます。そんな乱れた世をただすために、イサナギ・イサナミはアワウタによって言葉の乱れをただしていったといいます。これはおそらく共通言語として公用語を定めたということでしょう。「言語」を統一して、法治をゆきわたらせる土壌を作ったと考えられます。またアワウタの「アワ」とは「天（ア）」と「地（ワ）」のことでもあり、天と地の間にある万物すべてを調えたいという願いも込められていたようです。

「アワ」は「天地」だけでなく、「男女」や「陽陰」などの対比もあらわしています。前半24音は、ア段からオ段へ降りてゆく流れで男のイサナギが歌い、後半24音は、オ段からア段へ昇ってゆく流れで女のイサナミが歌ったといいます。

48音はただ並べてあるわけではなく、このような意味が詠まれているようです。

「アカハナマ」は、明るく元気な子が生まれます。

「イキヒニミウク」は、親の愛情や教えを受けて育ちます。

「フヌムエケ」は、子に自我が芽生えて生きがいを見出します。

「ヘネメオコホノ」は、ひとと関わりながら新しい世界を広げてゆきます。

前半は、天の叡智を地に広げていくような男性的な歌といえます。

後半は、地の収穫を天に還してゆくような女性的な歌となっています。

「モトロソヨ」は、異性と交わって子を作ります。

「ヲテレセヱツル」は、子の親となって愛情を注ぎ、教えを継がせます。

「スユンチリ」は、長生きをして、子孫も繁栄します。

「シヰタラサヤワ」は、現世での願いが満たされて、天へと還ってゆきます。

ひとびとの営みを称え、長寿繁栄を願う歌になっています。

アワウタによって天地・男女・陽陰の流れを調えることで、イサナギ・イサナミは無事に国を治めることができたといいます。

全48音からなるアワウタは、厳密には「ワのアワウタ」といいます。地上のひとびとの暮らしを願って歌われたので「地(ワ)」のアワウタです。

ほかにもうひとつ「アのアワウタ」があります。これはイサナギ・イサナミが「天(ア)」に世継ぎの御子を祈る歌でした。

アナニヱヤ　ウマシオトメニ　アイヌ
ワナニヤシ　ウマシヲトコニ　アヒキ

「ア」ではじまる歌をイサナギが詠み、「ワ」ではじまる歌をイサナミが詠みました。ここにもたくさんの意味が掛けられているのですが、ざっくり訳すとこうなります。

「ああびっくり　美しい乙女に　逢ったことだ」
「わあびっくり　素敵な殿方に　逢いました」

世継ぎを得るというのは、古代においても重要な課題であり、このために神々は多くの儀式を行っていました。「アのアワウタ」によって、天の許しを得るとともに、男女の縁を深く結び、子種を授かる祝詞としていたようです。

吉凶を占う魔法陣「フトマニ図」

「ヲシテ」の全48音を、円盤状に並べたものを「フトマニ図」といいます。配置や順番や文字の向きなど、すべてに意味があるため、日本の魔法陣ともいえます。君主となるものはこのフトマニ図を使って、政治の吉凶を占っていたといいます。

フトマニ図

厳密にいうと「フトマニ」というのは、図を使って占うことをいいます。図そのものは「モトアケ」と呼ばれています。これには「元を明かす（もとをあかす）」という意味があるようです。けれどもここでは「フトマニ」をおこなうための図ということで「フトマニ図」と呼んでゆきます。フトマニ図には、天地開闢からつづく天神（アマカミ）の3世代が描かれています。「元を明かす」の「元」というのは、原初の3代までの歴史のことをいうようです。

一番内側の円は、初代クニトコタチをあらわしています。

内側から二番目の円は、2代クニサッチをあらわしています。

内側から三番目、四番目、五番目の円は、3代トヨクンヌをあらわしています。

まずは、中心円からみてゆきますと、ここには「[ア][ウ][ワ]」と書いてあります。「ヲシテ」には基本の文字以外にも、特殊な文字があります。とりわけ特別な意味が必要なものには、特殊な文字が使われています。「[ア][ウ][ワ]」は「アウワ」と読みます。

もっとも中心にあるのは「[ウ]（ウ）」です。これは宇宙の中心やエネルギーの根源をあらわします。ビッグバンにあたるような現象を、ホツマツタヱでは神の息吹として「初（ウイ）の一息（ヒトイキ）」というのですが、この「初」の「ウ」や、「宇宙」の「ウ」にあたるのが、特殊な文字の「[ウ]」です。「[ウ]（ウ）」に対応する神は「アメミヲヤ」です。「[ウ]」の上にある「[ア]（ア）」

は「天」をあらわします。「[ヲシテ文字]」の下にある「[ヲシテ文字]（ワ）」は「地」をあらわします。「アウワ」は、宇宙がはじまり天と地に分かれた、天地開闢をあらわしています。「[ヲシテ文字]（ア）」に対応する神は「ミナカヌシ」であり、「[ヲシテ文字]（ワ）」に対応する神は「クニトコタチ」です。

中心円は、アメミヲヤによる天地開闢から、人間ミナカヌシが地上に降臨して、国を建ててクニトコタチと称えられるまでの創成期が描かれています。フトマニ図には「ヲシテ」の48音が配置されているといいましたが、中心円はすべての根源であり、特殊文字が使われていることもあって、48音には数えられません。中心円の外に48音の世界が広がっています。

内側から二番目の円には、クニトコタチの8人の御子であるヱ・ヒ・タ・メ・ト・ホ・カ・ミが描かれています。はじめはヱの尊が君主でしたが、のちにトの尊が君主となったので「トホカミヱヒタメ」の順で呼ばれるようになりました。ですから内側から二番目の円には、中央上に「ト」があり、そこから2つ飛ばしで左回りに「トホカミヱヒタメ」が並んでいます。8人の御子は国を分けて治めるという連邦制をとっていたらしく、首長はクニサツチといわれたようです。ですから2代天神は、クニサツチといわれます。

内側から三番目、四番目、五番目の円は、3代天神をあらわしています。ト・ホ・カ・

ミ・ヱ・ヒ・タ・メにはそれぞれ5人の皇子がいたといいますが、このときには人口もずいぶんと増えていたようで、職を3つにわけたようです。それが「君（キミ）」「臣（トミ）」「民（タミ）」です。

内側から三番目の円は、先頭にたって采配をふるう「君（キミ）」をあらわしています。

内側から四番目の円は、中間職の「臣（トミ）」をあらわしています。

内側から五番目の円は、収穫をあげて国を支える「民（タミ）」をあらわしています。

内側から三番目の円にある「君（キミ）」は、「アイフヘモヲスシ」といいます。左下の「ア」から2つ飛ばしで右回りに「アイフヘモヲスシ」が並んでいます。「ヲシテ」を教えるために歌われた「アワウタ」も「アイフヘモヲスシ」からできています。

「ア」カハナマ
「イ」キヒニミウク
「フ」ヌムエケ
「ヘ」ネメオコホノ
「モ」トロソヨ
「ヲ」テレセヱツル

「ス」ユンチリ
「シ」ヰタラサヤワ

3代天神の時代の「君（キミ）」を詠み込むことで、ひとびとが増えた世も治め整えてゆくという願いが込められているようです。

このようにフトマニ図には、天神3代の神々が写し取られています。ですから「ヲシテ」とは、ひとつひとつの「文字」が「神」であるといいます。全48音の「文字」ひとつひとつに原初の「神」が宿っているというのです。国を治める君主は、政治的な判断に迷ったさいにフトマニ図で占ったといいますが、フトマニ図には原初の神々や歴史が描かれていますから、この図を使って占うことは、原初の神々に判断を仰ぐことにもなります。「天の神さまのいう通り」というわけです。

フトマニ図からは128の卦が読み取れるといいます。占い方や、卦の出し方には諸説あるのですが、より詳しくお知りになりたいかたは『フトマニ歌占い　アマテラスがまとめた日本最古の占術』（著：原田峰虎）をご参照いただけたらと思います。

ほかにもある「ヲシテ文献」と「ホツマツタヱ」の再発見

「ヲシテ」によって記された古文書を「ヲシテ文献」といいます。『ホツマツタヱ』のほかにも『ミカサフミ』や『カクミハタ』という書物があります。

『ミカサフミ』は、ホツマツタヱと対になる書物です。古事記・日本書紀や、天皇記・国記、帝紀・旧辞が対となっているのも、ホツマツタヱ・ミカサフミが対だったからともいえるでしょう。ホツマツタヱが右大臣系によって書かれた感情的な文献とするなら、ミカサフミは左大臣系によって書かれた思考的な文献です。ミカサフミはホツマツタヱの解説本や参考書的な意味合いもあるようです。ホツマツタヱは全40章すべて見つかっているのですが、ミカサフミは全64章のうちまだ10章程度しか見つかっていません。いずれ全巻がそろったときには、また新たな発見が成されることでしょう。

『カクミハタ』は、天皇家の祖によって書かれ、皇室に継がれていた文献といわれていますが、こちらはまだほとんど見つかっていません。フトマニ図について書かれた『フトマニノフミ』もカクミハタの一部だといわれています。

もしかするとカクミハタのほうは門外不出の書として、皇室に継がれているのかもしれません。宮内庁書陵部には、こうしたヲシテ文献が隠匿・保管されているともいわれています。いずれにせよ、こちらも全巻の発見が待ち望まれています。

ホツマツタヱは、縄文時代に前編が編纂され、弥生時代に後編が編纂されたといわれますが、写本としては江戸時代中期（1775年）のものが最古です。

国学の隆盛とともに「神代文字」の研究が進められると、敬光の『和字考』（1793年）や、平田篤胤の『神字日文伝』（1819年）にも「神代文字」のひとつとして「ヲシテ」が収録されていました。明治維新にも多大な影響を与えた国学ですが、「神代文字」は戦後に否定されることとなり、次第に忘れ去られていったようです。

現代におけるホツマツタヱの研究は、松本善之助（まつもとよしのすけ）先生にはじまります。『現代用語の基礎知識』の初代編集長であった松本善之助先生は、1966年に東京神田の古書店でホツマツタヱの写本の一部に出会ったといいます。松本先生はこれを機に、ホツマツタヱの研究と探求に身を投じたそうです。そしてついに四国の宇和島や、近江高島でホツマツタヱ全40章の写本を見つけられたといいます。これによってホツマツタヱの研究は飛躍的に進みました。まさに、ホツマツタヱ再発見の祖といえるかたです。

松本先生は、全国各地で勉強会を開いてホツマツタヱを世にひろめていったそうです。また、研究通信誌として『月刊ほつま』を刊行し、約20年にわたって全国の研究者にも発表の場を提供していたといいます。現在のホツマツタヱ研究はすべて、松本先生にはじまっていますから、先生の功績がいかに偉大だったのかがわかります。

ホツマツタヱの写本には次のものがあります。

小笠原長弘本：愛媛県宇和島市の小笠原家で発見。明治時代写本。
小笠原長武本：愛媛県宇和島市の小笠原家で発見。明治時代写本。
和仁估安聡本：滋賀県高島市の日吉神社で発見。江戸時代中期写本。

小笠原長武写本は内閣文庫にも所蔵されていますので、国立公文書館のデジタルアーカイブで閲覧できます。「ヲシテ」の原文が気になるというかたは、国立公文書館のホームページにアクセスして「ホツマツタヱ」とご検索ください。

和仁估安聡写本は滋賀県高島市の近江聖人中江藤樹記念館で保管されています。高島市はホツマツタヱ再発見の聖地として町おこしもしており、高島市民会館の入口には「ヲシテ」が刻まれた碑があります。

松本先生によってホツマツタヱとともに『ミカサフミ』や『フトマニ』というヲシテ文献も再発見されました。ホツマツタヱは全章が見つかっているのですが、ヲシテ文献全体でいえばまだまだ未発見の部分が多く、全体像としてはいまだ謎のままです。もし旧家や、神社の倉や、父祖伝来の書物のなかにヲシテ文献が眠っておりましたら、御一報いただけると幸いです。日本の歴史をひもとく重要な鍵となるかもしれません。

和仁估安聰写本が見つかった
滋賀県高島市の日吉神社の倉

第2章

ホツマツタヱの全章あらすじ

序文＋全40章を一挙に紹介！

ホツマツタヱは全部で40章あります。章のことは「アヤ」といいます。各章には題名（タイトル）があり、章ごとの主題（テーマ）をあらわしているようです。ここからは題名（タイトル）に合わせて各章をまとめてゆき、ホツマツタヱ全体の流れをみてゆきます。

序文

［ホツマツタヱを宣（ノ）ぶ］

ホツマツタヱは全40章なのですが、本文の前には「序文」が載っています。これは編纂者による挨拶文と、著名人による推薦文といったところでしょうか。

『ホツマツタヱ』後編の編纂者であるオオタタネコが、歴史書をまとめることになった経緯を宣べるとともに、この国の豊かな歴史を称えます。オオタタネコは『ホツマツタヱ』前編の編纂者の子孫であり、これ以上の適任はありませんでした。つづけて『ミカサフミ』の編纂者が、ホツマツタヱの重要性について説いてゆきます。前編の編纂以後、写本による表記の違いが生じていたのを、後編によってただしていたようです。

1章 きつのなとほむしさるあや［東西の名と穂蟲去る章］

ホツマツタヱは基本的に、時代の流れにそって語られるのですが、冒頭の1アヤだけは時代を前後させて「和歌」の誕生秘話からはじまります。

イサナギ・イサナミの第一子は、ヒルコ（蛭子神）という女の子でした。3歳までは親もとで育てられたのですが、両親がちょうど厄年にあたり、娘ヒルコに災いがおよぶのを恐れて忠臣のカナサキ（住吉大神）に養育を任せます。やがて弟にあたる天照大神やツキヨミ（月読尊）が生まれると、ヒルコは親もとに戻りました。世継ぎとなる天照大神を支える存在として、ヒルコはワカヒメ（稚日女尊）と称えられます。そんなとき紀州（和歌山県）で、稲を食い荒らす虫害が発生したといいます。ワカヒメはあらゆる知識と知恵を使ってこんな歌を詠みました。

「たねはたね　うむすぎさかめ　まめすめらの　そろはもはめそ　むしもみなしむ」

32音の字余りの歌は、「祓い歌」となって虫を払いました。稲も「若」返って穂を実らせたので、ワカヒメの歌は「和歌」といわれました。

『天地開闢』から天神七代について語られます。初めにアメミヲヤ（天御祖神）の一息によって天と地が分かれます。混沌とした泥のなかから、太陽や月や地球ができました。地球には、はじまりの人間であるアメノミナカヌシ（天之御中主神）があらわれます。このかたは国を建てたことからクニトコタチ（国常立尊）と称えられて、初代「天神(アマカミ)」に即位しました。

2代天神を継いだのはクニトコタチの8人の皇子です。それぞれヱ・ヒ・タ・メ・ト・ホ・カ・ミといいます。それぞれ手分けして国を治めました。

4代天神となったのはウビチニです。このかたは本家「ト」の尊の子孫にあたります。后のスビチニを迎えて夫婦で国を治めるようになりました。神酒(ミキ)を呑んでから、床(トコ)に入って交合するという風習も生まれたようです。

6代天神となったオモタル・カシコネは、法に背くものを斧で裁いたために、世継ぎに恵まれず「ト」の本家が断絶してしまいます。そこで分家同士を繋いで、統治を継がせたのが、7代天神のイサナギ・イサナミです。

3章 ひひめみをうむとののあや【一姫三男生む殿の章（ヒヒメミヲウムトノノアヤ）】

イサナギ・イサナミが子を産むという、いわゆる『国生み』ついて語られます。

第一子のヒルコ（蛭子神）は、筑波の宮で産まれました。しかし親の厄年にあたるとして、3歳になると忠臣に養育を任せました。

第二子のヒヨルコは、出産を前に泡となって流れてしまいます。哀しみに暮れるおふたりは、泡を流した宮を吾恥（アハチ）（淡路）としました。鶺鴒（ニハナブリ）から求婚の方法を学ぶと、ふたりはあらためて儀式をおこないます。

第三子のアマテル（天照大神）は、富士山の麓の宮で産まれました。待望の長男です。世継ぎとなるのは男児であり、天照大神も男性だったというのがホツマツタヱです。

第四子のツキヨミ（月読尊）は、筑紫（ツクシ）（九州）の宮で産まれました。

第五子のソサノヲ（素戔嗚尊）は紀州（キシヰ）（和歌山県）の宮で産まれました。ソサノヲは素行が悪く、ひとびとを悩ませてしまいます。けれども男児には、母の隈（クマ）（厄）が降りるといわれることから、母イサナミは責任を感じて息子の償いに努めました。

日の神と称えられる天照大神の「名」について語られます。ホツマツタヱでは、本名のことを「諱（ヰミナ）」といいます。天照大神の「アマテラスヲヲンカミ」とは称え名であり、諱は「ワカヒト」といいます。それにはこんな理由があったようです。

天照大神の誕生にあたっては、祖父の豊受大神も八千回の禊をおこないました。両親のイサナギ・イサナミも待望の男児を願って富士山に登ると、太陽と月に祈るなどさまざまな儀式をおこないました。するとようやく母イサナミは身籠ります。ところが10か月経っても、生まれてくる気配がありませんでした。そのまま年月が経っても生まれてこないので、いよいよ病気ではないかと皆が心配していたところ、96か月が過ぎた元日の朝、若日（ワカヒ）（初日の出）とともに、天照大神は生まれてきました。その姿は、固い胞衣（ヱナ）に包まれたままであり、玉子のようだったといいます。そこで櫟（イチヰ）の木から削りだした笏（サク）をもって、固い胞衣を切りひらきました。世継ぎの若宮（ワカミヤ）（御子）は、こうして世に姿をあらわしたのです。「若日」や「若宮」から、天照大神は「ワカヒト」と命名されました。

5章 わかのまくらことはのあや

［和歌（ワカ）の枕詞（マクラコトハ）の章（アヤ）］

和歌に「枕詞」が生まれた経緯について語られます。

第五子ソサノヲの素行は悪くなるばかりで、ひとびとから大切な田畑を奪ってしまいました。そこで母イサナミは、山焼きによって田畑を広げようとします。けれども火の手がまわって、イサナミは命を落としてしまいました。なくなった妻の無惨な姿に、イサナギはたえきれず足を引きながら宮まで帰ってゆきます。

しかし諦めきれないイサナギはその夜に神往（カミユキ）をして、半死半生の世界まで妻に会いにゆきました。するとイサナミは「まだ恥をかかせるのですか」と怒って、鬼女（シコメ）をさし向けます。イサナギはなんとか逃げ延びると、黄泉平坂（ヨモツヒラサカ）で妻と別れの言葉を交わしました。

神往から帰ったイサナギはあらためて禊をおこない、一心不乱に統治をすすめます。妻のもとから「足引き」帰ったイサナギでしたが、身を清めて「悪し」き心を「ひき」祓うと、全国を巡って水辺の「葦を引き」瑞穂の実る田にかえてゆきました。それは本家「ト」の尊の「大いなるトの教え」を行き渡らせて、この国を「大和（ヤマト）」へ導いたということでした。ここから「あしひき」は、「やま（大和）」に掛かる枕詞となりました。

天照大神の12人の妃について語られます。

天照大神は富士山の麓で即位しました。称号も「天神(アマカミ)」から「日神(ヒカミ)」へとかわります。これまでの天神の世から、新たな時代がはじまったともいえます。さらに世継ぎ問題解消のため、側室として12人の妃がおかれました。天照大神はそのなかのひとりセオリツヒメ（瀬織津姫命）に一目惚れをして、正后とします。けれども長男は、側室のモチコとの間に産まれました。同じく側室であり、モチコの妹でもあるハヤコとの間には、長女・次女・三女が産まれます。

ここで天照大神は富士山の麓から、伊勢へと遷都をおこないました。するとようやく正后セオリツヒメとの間にも、世継ぎとなるオシホミミ（天忍穂耳尊）が産まれました。こうして天照大神は妃たちとの間に、五男三女の8人の御子をもうけたといいます。

天照大神の母イサナミは、天照大神の御子のひとりが祭祀を担い「熊野神(クマノカミ)」として祀られました。やがて天照大神の父イサナギもなくなると、「多賀神(タガノカミ)」として祀られました。

7章 のこしふみさがおたつあや

［遺(ノコ)し文(フミ)　清汚(サガ)お裁(タ)つ章(アヤ)］

イサナギ・イサナミの遺言に従い、ソサノヲの清汚(サガ)を裁いてゆくさまが語られます。

天照大神の長男を産んだモチコでしたが、世継ぎの座はセオリツヒメの子に奪われてしまい、恨みを募らせていました。そこでモチコとハヤコの姉妹は、天照大神の弟ソサノヲに近づきます。弟をたぶらかして兄を討たせ、ソサノヲの正后として返り咲こうという計画です。けれどもこれは失敗におわり、モチコ・ハヤコは左遷されてしまいます。

モチコ・ハヤコに誘惑されていたソサノヲは、怒りに任せて天照大神につめ寄ります。身の危険を感じた天照大神は岩室に籠ってしまいました。いわゆる『天岩戸』です。大臣たちは策を尽くすことで、なんとか天照大神を岩室から引き戻しました。

天照大神を追いつめたソサノヲは流離(サスラヒ)刑となり、朝廷を追放されてしまいます。そこでソサノヲは、姉ワカヒメのもとへ別れの挨拶に向かいました。しかし姉はこれを全身武装をして出迎えます。姉にだけは信じてもらいたいソサノヲは「わたしが穢れているのなら産まれてくる子は男でしょう、わたしが清らかならば産まれてくる子は女でしょう」と誓いをして、姉ワカヒメのもとを去ってゆきました。

8章 たまかえしはたれうつあや【魂返し（タマカヱ） ハタレ討つ章（ウアヤ）】

ハタレという反乱軍が蜂起して、朝廷に襲いかかる大動乱が起こります。ハタレとは、獣の霊魂に憑かれて人間の道を外れたもののことで、錦大蛇（ニシキオロチ）、蛟（ミズチ）、猿（サル）、狐（キツネ）、鵺（ヌヱ）、天狗（アキヌ）が憑いたという6つの軍団が各地を荒らしてゆきました。その総数は、70万9千人という大軍勢だったといいます。

天照大神は皇軍を編成すると、ハタレの討伐へと向かわせました。そのさいにはハタレ退治の秘策として、天照大神はさまざまな呪具を渡しました。皇軍はそれらの呪具によってハタレの妖術を払いのけ、無事に各地を平定することができました。

なくなったハタレの御霊は、「魂返し（タマカヱ）」という儀式で浄化されます。獣の霊魂から解放されると、ハタレも人間の心を取り戻して天に還ることができたといいます。捕虜となったハタレたちも、真経津鏡（マフツノカガミ）に姿を写してから禊をおこなえば、人間の心を取り戻すことができたようです。こうして6つのハタレ軍団はみな、皇軍のもとに下りました。

残されたのはハタレの首謀者とされる地方官僚たちです。細戈千足国（サホコチタル）（山陰地方）の斐伊川（ヒカワ）を本拠地としていて、左遷されたモチコ・ハヤコ姉妹も合流していました。

9章 やくもうちことつくるあや

【八雲打ち琴作る章（ヤクモウチコトツクルアヤ）】

流離刑となったソサノヲもまた、細戈千足国に隠れ住んでいたのですが、こちらはハタレに合流することはありませんでした。八岐大蛇（ヤマタノオロチ）を討ちとると、生贄とされていたイナタヒメ（奇稲田姫命）と結ばれて、男児をもうけました。ソサノヲは喜び勇んで、姉ワカヒメのもとへ急ぐと「わたしの勝ちだ！」と叫びました。すると姉は「その恥知らずの心が汚いのです」といって、ソサノヲを追い返してしまいます。

皇軍はハタレの首謀者を討つため、イフキドヌシ（伊吹戸主神）を派遣していました。その皇軍の前に、傷心のソサノヲが姿をあらわします。

「すべてはわたしの驕った心が悪かったのです。どうか償いの機会を与えてください」

イフキドヌシはソサノヲの甥にあたり、わずかながらの血縁に頼っての懇願でした。イフキドヌシは涙ながらにソサノヲを皇軍に引き入れると、ともにハタレの首謀者やモチコ・ハヤコを討ちとりました。するとこの功績が認められて、ソサノヲは朝廷への復帰が許され、細戈千足国を賜わります。そこで国名も「出雲（イヅモ）」と改めました。姉のワカヒメとも和解すると、六弦の「琴」とともに「八雲打ち」という奏法が伝授されました。

10章 「カシマ断(ダ)ち　釣(ツ)り鯛(タイ)の章(アヤ)」

出雲国を朝廷に明け渡すという、いわゆる『国譲り』について語られます。

出雲国はソサノヲの子オホナムチ（大己貴命）が後を継いでいました。しかしあまりに栄華を誇ったため、中央朝廷から逆心を疑われてしまいます。朝廷は出雲国を探るために、使者を派遣しました。ところがみな出雲に居ついてしまい、誰も戻ってきません。なかでも3人目の使者は、オホナムチの娘と結婚してしまいます。

痺れを切らした朝廷は、武力をもって出雲に迫りました。これをホツマツタでは「カシマ断(ダ)ち」といいます。オホナムチは、子のクシヒコ（事代主神）に相談したところ「わたしたちは釣針にかかった鯛です」と笑顔(マミスカホ)で諭されました。こうして出雲国は、朝廷に明け渡されることになりました。

ホツマツタヱでは、右大臣と防衛大臣を兼ねたような職のことを「大物主(オオモノヌシ)」といいます。オホナムチは初代大物主だったのですが、この「カシマ断ち」によって退任となり、出雲国から津軽(ツカル)（青森県）へと領地替えをさせられてしまいました。そこで子のクシヒコが2代大物主を継いで、中央朝廷に務めるようになります。

11章 みくさゆづりみうけのあや

【三種譲り御受けの章（ミクサユヅリミウケノアヤ）】

天照大神から、子のオシホミミへ政権が譲られます。

オシホミミはもともと、多賀の地でイサナギやワカヒメに養育されていました。そのまま後見人の大臣が着いて、多賀に都をひらいていたようです。ですがいよいよひとり立ちすることとなり、日高見国（ヒタカミ）（東北地方）に都を遷しました。大臣の娘であるタクハタチチヒメ（栲幡千千姫命）を正后として、12人の側室もそろえます。

やがて伊勢から、勅使としてアマノコヤネ（天児屋根命）が派遣されました。天照大神から託された三種神器を、天照大神の詔（ミコトノリ）とともにオシホミミに授けます。

「八尺瓊勾玉（ヤサカニノマカリタマ）は、天神の教えの象徴として、あなたが常に持っているようにしなさい」

「八咫鏡（ヤタノカガミ）は、左大臣に預けて、清汚を鑑みるようにしなさい」

「八重垣剣（ヤヱガキノツルギ）は、右大臣に預けて、争いごとがあれば和（ヤワ）しなさい」

「そうして夫婦ともに睦まじく、日神としてのおこないを示してゆくのです」

オシホミミはこの教えとともに、三種神器を受け賜りました。

12章  ［アキツ姫（ヒメ） 天児（アマガツ）の章（アヤ）］

天照大神の妃アキツヒメ（速秋津姫命）が作った、身代わり人形について語られます。
ハタレの動乱のさいには、天照大神もみずから皇軍を指揮して、鵺が憑いた一団の鎮圧に向かいました。そのとき天照大神は、身代わりの稚児人形を袂に忍ばせることで、ハタレの妖術を逃れることができたといいます。さらにサツサツヅ歌という五十五音の歌によって、鵺の一団を討ち破りました。これによって身代わりの稚児人形は「天児（アマガツ）」と称えられるようになりました。

アキツヒメは「天児」を手づから作ると、オシホミミの后に渡しました。世間の恨みや妬みはみな「天児」が引き受けてくれるので、后は健康な子を産むことができるというのです。「天児」はこうして、嫁入り道具のひとつとなってゆきました。

またサツサツヅ歌にあやかって、婚儀の席で酒をすすめるさいには「サッサッ」と声をかけるようになりました。これによって邪気や悪鬼を祓い、いつまでも男女睦まじくいられるといいます。

13章 わかひこいせすすかのあや

【ワカヒコ　伊勢鈴鹿の章】

ワカヒコとは、アマノコヤネ（天児屋根命）の本名です。「伊勢」とは「妹背」の略称で、「男女・夫婦」をあらわしています。天照大神が后と睦まじく伊勢で暮らしたように、オシホミミも后と睦まじく暮らせるよう、男女・夫婦のあり方について、アマノコヤネ（ワカヒコ）が説いてゆきます。

夫婦の道といえば、竈神のオキツヒコ（奥津彦命）夫婦が知られていました。一時は離婚直前までいったのですが、ふたりを真経津鏡に写してみたところ、夫は汚れた窯、妻は焦げついた鍋が写りました。すっかり恥じ入ったオキツヒコは、心を磨いて「煤」を落とすことで、妻と復縁することができたといいます。心に汚れがたまって、真っ黒にこびりついた状態を「ススクラ」といいます。心が清らかで、魂そのものが輝いてみえることを「ススカ」といいます。夫婦関係が円満となり、子種に恵まれるには「ススカ」でなければなりません。

オシホミミの后タクハタチチヒメは、本名を「スズカ（鈴鹿姫）」といいました。心が清らかで、子種にも恵まれるようにとの願いから、この名がつけられたそうです。

14章

【世継(ヨツ)き祈(ノ)る祝詞(ノトコト)の章(アヤ)】

夫婦の道について説いた後は、子の誕生について語られます。

世継ぎ子を産むということは、ひとびとの繁栄や発展におおきく関わることであり、天照大神もこれを最も大切なこととしていました。そこで子を授かるための方法や、世継ぎを願う祝詞を、天照大神みずからが教え伝えてゆきます。さらに天照大神はこれを「世継ぎの文(フミ)」という書物にまとめました。つづけて天照大神は、子の誕生を助ける存在として大臣を任命してゆきます。

「天児屋根命(アマノコヤネ)」は、天から子種が降りてくるように祈る大臣です。

「子守神(コモリ)」は、胎内の子の成長を見守る大臣です。

「勝手神(カツテ)」は、子の出産を手助けする大臣です。

アマノコヤネは祝詞で子種を招き、コモリは妊娠期の母親の過ごし方をひとびとに伝え、カツテは助産師として子をとりあげるという関係だったようです。

子守神というように、コモリは36人もの実子を育ててあげたといいます。またカツテは妊婦の苦しみを和らげ、安産へと導く名医だったようです。

15章 みけよろづなりそめのあや
［御食萬物成り初めの章］

天照大神が食事について語ります。世継ぎが生まれたなら、つぎは長生きするためには何を食べれば良いかということを説いてゆきます。天照大神は穀物や野菜、つづいて魚貝類をすすめて、鳥や獣の肉を食べることを諌めました。

天照大神の弟ツキヨミは、稲種を求めてウケモチ（保食神）を訪ねたのですが、勘違いからウケモチをあやめてしまったといいます。これによりツキヨミは、政界を追放されてしまいました。たとえ天照大神の弟であっても、ひとびとの「食」を欠いてしまえば厳しい処罰が下ったようです。

ト・ホ・カ・ミ・ヱ・ヒ・タ・メの8皇子のうち、「カ」の尊は大陸に渡って国を建てたといいます。そんな「カ」の末裔であるウケステメ（西王母）が、遊学のため日本に渡ってきました。というのも「カ」の民は肉食を好んだために、みな短命になったというのです。そこで本家の教えを学んで、衰退した国を復興させようとしたのでした。天照大神は、ウケステメに菊の花を食べることをすすめました。菊の花には身の穢れを濯いで、頭脳明晰になる効用があるといいます。

16章  ［孕み慎む帯の章（ハラみツツむオビのアヤ）］

妊娠期間をどう過ごしたらよいのか、コモリ（子守神）が語ってゆきます。

睦月、如月、弥生という月の呼び名も、妊娠期間の過ごし方からきているといいます。例えば「如月（きさらぎ）」とは妊娠2か月目のことで、細胞分裂もすすんで悪阻（つわり）がはじまるころなので、重ね着をして体温を保つようにという教えから「更に着る」で「きさらぎ」となりました。同じように3か月目には、悪阻もひどくなって「八夜勇む（ヤヨイサむ）」ことから「弥生（やよい）」となります。4か月目には安定してきて身も「潤う（ウルう）」時期ですが、油断せずに「慎（ツツ）」しみなさいということで「卯月（うつき）」です。5か月目には「サツサ」という腹帯を巻いて「慎」しみなさいということから「皐月（さつき）」といいます。腹帯には、世の災いや人の妬みから、胎児を守るという重要な役割があるようです。

また呼吸の数をかぞえることで、男女どちらが産まれてくるかもわかるといいます。これは「息数（イキス）」といって、胎内の様子を知るための重要な手がかりになるそうです。このように、ひとびとを育むための知識も、ホツマツタヱには描かれています。

ここまでが、ホツマツタヱの「ア（天）」の巻です。

17章 かんかがみやたのなのあや 「神鏡 八咫の名の章」

ここからが、ホツマツタヱの「ワ（地）」の巻です。

三種の神器のひとつ八咫鏡の由来について、天照大神が語ります。

「八咫」とは「8尺」という単位のことで、当時のひとびとの平均身長をあらわしています。「8尺の身丈」ということで、ひとびとのことを「八民」といったりもします。

「鏡」とは「鑑みる」からきています。みずからの姿を鑑みて、心を磨くためのものということです。ホツマツタヱでは、「光」のことを「カ」といい、「闇」のことを「ガ」というのですが、心に沸いてくる「光」と「闇」を「見」るということから「カガミ」ともいいます。みずからを律する大事さを説いているようです。また、「天神」と「地祇」を合わせた「カミガミ」の縮まった言い方でもあるといいます。

「八咫鏡」という言葉には、「ひとびとを導く善政を敷く」という思いが込められています。その先に願うものは「民となせ臣、臣となれ民」であり、臣となるものは民とともに国を治めてゆき、民であるものも善行を成せば臣に昇進できるという、国家の理想の姿を伝えているようです。

18章  【オノコロと呪(マジナ)ふの章(アヤ)】

「オノコロ」という言葉について、天照大神が解説します。これは『国生み』のさいに用いられる表現であり、すべてオ母音になっています。「オ」は大地を固める、「ノ」は野を拓く、「コ」は肥えさせる、「ロ」は広がることを意味します。

これはアメミヲヤ（天御祖神）による、地球創成にはじまります。アメミヲヤは熱く煮えたぎった状態の地球を、溶岩を固めて（オ）、土地と（ノ）、海にわけると（コ）、生命が誕生した（ロ）のでした。

つづけて初代天神となったクニトコタチ（国常立尊）も、国を定めて（オ）、平地を拓き（ノ）、耕作をすると（コ）、ひとびとが殖えた（ロ）といいます。イサナギ・イサナミもこれにならって「オノコロ」という表現を使ったようです。

「オノコロ」という言葉には不思議な力があります。例えば地震が起きたさいにも「オノコオノコ」と唱えれば揺れが鎮まるといいます。また、泣き止まない赤ん坊の額にも「ヲノコロ」と描いたなら、心が鎮まって泣き止むのだそうです。

19章 のりのりひとぬきまのあや【乗り法（ノリノリ） 一貫間（ヒトヌキマ）の章（アヤ）】

19章には2編が収録されています。どちらも、乗馬法について語られています。

前編は、乗馬法の始祖である豊受大神の奥義を伝えてゆきます。馬はもともと人を乗せて走る動物ではないので、きちんと調教をして、地道に呼吸を合わせていくことが大事だそうです。駆け足も、障害物を飛び越えるのも、人と馬の連携があってこそなので、手綱を「一貫間（ヒトヌキマ）」にして、馬と心を重ねてゆくのだといいます。こうした馬術のうち「乗り弓」という馬上弓術は、反乱軍ハタレの鎮圧にも重宝しました。

のりのふみてるたえのあや【乗り（ノ）の文（フミ） 照妙（テルタエ）の章（アヤ）】

後編は、乗馬術を天照大神の孫ニニキネ（瓊瓊杵尊）に伝授してゆきます。産地別の馬の違いや、馬具の微調整についても語られます。また、君主は剣をもって馬に乗ることもあるので、手綱を腰に結んで馬を操る技「照妙（テルタエ）」が生みだされました。

ホツマツタヱの時代から、日本では「馬」が欠かせない存在となっていたようです。

20章

［皇御孫（スメミマコ）　十種得る章（トクサヱアヤ）］

天照大神の子オシホミミから、天照大神の孫の世代へと移ってゆきます。

政権は、オシホミミの長男であるクシタマホノアカリ（櫛玉火明命）へと譲られました。これは世継ぎの証として、オシホミミから十種宝（トクサタカラ）という10種類の神宝を授かります。「一二三四五六七八九十（ヒフミヨヰムナヤコト）」と唱えれば、死者も蘇るといわれるほどの神宝でした。

クシタマホノアカリは大臣をひきつれて日高見国（東北地方）を出発すると、九十九里浜から航路に切り替え、伊豆や熊野を大型船でまわり、浪速（ナミハヤ）（大阪湾）からは小型船に乗りかえて、斑鳩（イカルガ）（奈良盆地北部）に入りました。この遷都のための行列が、いわゆる『天孫降臨』にあたるようです。

斑鳩宮に遷ったその翌日、高台へでてみれば椋鳥（イカルガ）ではなく烏（カラス）が飛んでいたといいます。クシタマホノアカリはこれを不吉として、すぐに奈良盆地南部へ遷都しました。明日（アス）にも都を遷したので、新しい宮は飛鳥（アスカ）といわれました。この暴挙に、大臣として仕えていたアマノコヤネとクシヒコは激怒します。クシタマホノアカリに諫言するも、聞き入れられなかったので、ふたりはともに飛鳥宮を去ってしまいました。

21章 ニハリミヤノリサタムアヤ
[新治宮法定む章]

オシホミミの次男ニニキネ（瓊瓊杵尊）について語られます。

弟ニニキネは、関東に新治宮をひらくことになりました。飛鳥宮を去ったアマノコヤネとクシヒコは、弟のニニキネに仕えるようになります。なかでもクシヒコは、新治宮の造営を任されました。クシヒコはフトマニ図で占いながら宮造りの儀礼を定めてゆきます。建築資材を伐りだす日や、基礎工事をはじめる日などすべて吉日を選び、さらに方位や時期もかんがみて、祭礼や工法など事細かく整えてゆきました。例えば南門には方位の神を祀り、庭には鳥を飼いならしておくといいます。すると門の神が民の嘆き聞きつけて、鳥の鳴き声として知らせてくれるのだそうです。これは「鳥居」の起源にもなっています。こうして宮の八方だけでなく、地の下や、空の上に至るまで、隈なく守りを固めてゆきました。クシヒコはニニキネのもとで、存分に腕を振るったようです。

ところがいよいよ新治宮に遷るとき、雷が落ちて瑞垣の一部が壊れてしまいました。これは空の神によるものであるとわかり、落雷のあった北東には空の神を祀ることにしました。これが「鬼門」の起源となるようです。

22章 〔オキツヒコ　火水土の祓ひ〕

この章だけ「〜のアヤ」ではなく、「ハラヒ」となっています。全文が祝詞になっている章であり、竈神オキツヒコによる祓い詞について語られます。

オキツヒコは、ニニキネの新治宮の祭祀を担うことになりました。そこで、ひとびとの暮らしを守る8つの自然神「八将神」を称えてゆきます。空の神、風の神、火の神、水の神、土の神、豊作の神、治水の神、治災の神という8神です。空の神とは、新治宮の北東に祀られた神でもあります。これらの神に祈ることで、ひとびとはあらゆる厄災から逃れられるといいます。

自然神の恩恵によって収穫された作物というものは、火が清く、水が清く、窯（土）が清ければ、調理される食べ物も清らかとなり、それを食べた人もまた清らかになるといわれました。そこでこの祝詞は「火水土の祓い」といわれました。

オキツヒコはひとびとの豊かな暮らしを願って、この祝詞をひろめてゆきます。やがてこれが、現在にも残る竈信仰や荒神信仰となったようです。

23章 ［御衣定め　剣名の章］

「布」は、経糸と緯糸で織りあげられます。ここから経糸は「南北」、緯糸は「東西」とされて、「布」は「世界」を写しとったものとされました。また経糸は「守」、緯糸は「民」、糸を整える筬は「臣」にたとえられて、美しく織られた「布」は平和な世界の象徴とされました。「布」で作られた「御衣」を君主が着るのは、国家の安寧を願ってのことです。もし糸が乱れれば「布」は引きつってしまいます。それは乱れた世の中をあらわしています。そうならないためには、糸を張る「方法」と、乱れた糸を切る「刃」が必要です。同じように混乱の世を糺すには、ひとを導く「法」と、悪を斬る「剣」が必要です。つまり「御衣」とは「法律」のことで、「剣」とは「刑罰」にあたります。

三種の神器に「剣」があるのは、ひとびとを厄災から守る防衛力を願ってのことでした。右大臣と防衛大臣を兼ねたような職を「大物主」というのですが、2代大物主のクシヒコは「剣」を深く理解したので「大和大国魂神」の名を賜りました。クシヒコはこれを深く考えると、三諸山の洞にみずから入ってなくなったといいます。

こうしてクシヒコは、この国を未来永劫に守護する神となりました。

24章

［扶桑國(コヱクニ)　蓬莱山(ハラミヤマ)の章(アヤ)］

天照大神の孫ニニキネが全国を巡って、かんがい事業をおこないます。弟ニニキネが全国を巡ると、兄クシタマホノアカリとの間で世継ぎ問題になりかねないのですが、それでも天照大神はニニキネの熱意に心を動かされて、ニニキネにも三種の神器を賜りました。こうして、2つの朝廷が同時に存在するという時代がはじまってゆきます。

全国行脚のなかでニニキネは、蓬莱山(ハラミヤマ)（富士山）に8つの湖を築きました。ここでニニキネは后となるコノハナサクヤヒメ（木花開耶姫命）と出会い、結ばれます。ところが悪い噂がたって、ふたりの仲は阻まれてしまいました。コノハナサクヤヒメは無実を証明するために、生まれたばかりの3つ子とともに室屋に籠って火を放ちます。燃えさかる炎が母子に迫ったところで、奇跡が起こって、火は消し止められました。これを聞いたニニキネは深く反省すると、許しを乞う歌を贈りました。するとコノハナサクヤヒメの心も解けて、ふたりはふたたび結ばれることができました。

ニニキネの世には蚕飼(こかい)も普及したといいます。良き蚕(コヱ)を得たことから、この国は扶桑(コヱ)国とも称えられました。ニニキネ以降は称号も「天君(アマキミ)」へとかわってゆきます。

25章

【彦尊（ヒコミコト）鉤（チ）お得（エ）るの章（アヤ）】

天照大神の孫の世代から、天照大神の曾孫の世代へと移ってゆきます。

ニニキネの3つ子のうち、次男は海釣りを楽しんだことから『海幸彦（ウミサチヒコ）』といわれ、三男は山狩りを楽しんだことから『山幸彦（ヤマサチヒコ）』といわれました。あるときふたりは狩りの道具を替えて、海幸彦が山狩りへゆき、山幸彦が海釣りへゆきます。すると山幸彦のほうは、魚に鉤（はり）を取られて失くしてしまいました。海幸彦は怒って鉤を返すように迫るのですが、山幸彦にはどうしようもありません。途方にくれる山幸彦が浜を歩いていると、雁（カリ）が罠にかかっていたので逃がしてやりました。これをみていた浜の老翁は山幸彦の話を聞くと「憂うことはありません」といって、山幸彦を船に乗せて出帆させました。

着いた先は鹿児島です。南九州の統治者ハテツミ（海神（わだつみ））が力を貸してくれたので、山幸彦は失くした鉤を見つけることができました。山幸彦の忠臣シガはすぐさま鉤を返しにゆきます。しかし海幸彦からはお礼の一言もありません。怒ったシガが「満干珠（ミチヒノタマ）」を使って懲らしめると、ようやく海幸彦も降参しました。山幸彦のほうはそのまま九州にとどまって、ハテツミの娘トヨタマヒメ（豊玉姫命）と結ばれました。

26章  ［ウカヤ　葵桂の章］

天照大神の孫ニニキネから、曾孫の山幸彦（ヒコホオデミ）に政権が譲られます。九州に残っていた山幸彦は、琵琶湖にあったニニキネの宮を継ぐことになりました。けれども后のトヨタマヒメは妊娠していたので、山幸彦は早船に乗って先に帰り、后は大型船で後からゆっくり追いかけることになります。北津（敦賀）に着いた山幸彦は、后のために産屋を築きました。しかし后の到着が思いのほかはやく、産屋の茅葺きも間に合わないうちに出産となりました。そこで御子の名はウガヤフキアワセズ（鸕鷀草葺不合尊）となりました。

ところが山幸彦は、産屋で休んでいた后のあられもない姿を覗いてしまいます。恥をかかされた后はたまらず北津を去り、罔象女宮に籠ってしまいました。山幸彦はたびたび使いを送るのですが、后は心を解きません。そんなとき父ニニキネが、葵と桂の葉をもって罔象女宮を訪ねます。そうして「どちらの葉も二枚で一組です」といって夫婦の道を説くと、トヨタマヒメの恥を濯いでゆきました。すると后の心もようやく解けて、山幸彦のもとへ戻ることができました。

27章

「御祖神（ミヲヤカミ） 船魂（フナタマ）の章（アヤ）」

天照大神の曾孫の山幸彦から、玄孫ウガヤフキアワセズに政権が譲られます。

ウガヤフキアワセズは即位すると、天照大神の両親イサナギ・イサナミが暮らしたという多賀宮を改修して、都を遷しました。この功績から「御祖神（ミヲヤカミ）」と称えられます。

ウガヤフキアワセズは后との間に長男をもうけました。けれども后は産後の肥立ちが悪く、なくなってしまいます。そこで乳母としてタマヨリヒメ（玉依姫命）が迎えられました。ウガヤフキアワセズはタマヨリヒメと結ばれて、タケヒト（のちの神武（じんむ）天皇）が産まれます。タマヨリヒメは、ウガヤフキアワセズの母トヨタマヒメの姪にあたりますから、いとこ同士で結ばれたことになります。ともに船の一族であり、なかでもトヨタマヒメは「船魂（フナタマ）」と称えられていました。ウガヤフキアワセズはこのように船の一族と深く結ばれていたので、最期も船の一族の暮らす筑紫の地でなくなります。タケヒトは父を弔うため筑紫に向かうと、そのまま筑紫を治めました。

飛鳥宮の朝廷は、ニニキネの3つ子の長男の御子が後を継ぎます。クシタマホノアカリの養子となって、ニギハヤヒ（饒速日命）と称えられました。

28章 

［君臣遺し宣の章］

ホツマツタヱ前編のおわりの章です。

最期のときを悟った天照大神が、残される君や臣たちに遺言を語ってゆきます。天照大神の願いは「民の声をよく聞きなさい」ということでした。そうしてみずからの人生を走馬灯のように振り返ると、伊勢の地でなくなりました。

天照大神とともに、暦の木も枯れてしまいます。植え継ぐこともできなくなったので、忠臣のアマノコヤネは思案を巡らせたうえで、新しい暦を作りました。暦というのは国の根幹に関わるものであり、本来なら君主がおこなうべきことなのですが、天照大神の分身ともいえるアマノコヤネだからこそ、諸大臣たちも納得しました。そんな忠臣のアマノコヤネも、なくなってしまいます。天照大神の玄孫ウガヤフキアワセズも、すでになくなっていました。残されているのはウガヤフキアワセズの若き御子たちです。

そんななか、飛鳥の朝廷を継いだニギハヤヒは不穏な動きをみせていました。六代大物主のクシミカタマは、先の見えない混迷の世を嘆いて、せめて歴史だけは残しておこうと、ホツマツタヱの前編にあたる「ア」の巻と「ワ」の巻を編纂しました。

神武天皇とニギハヤヒの系図

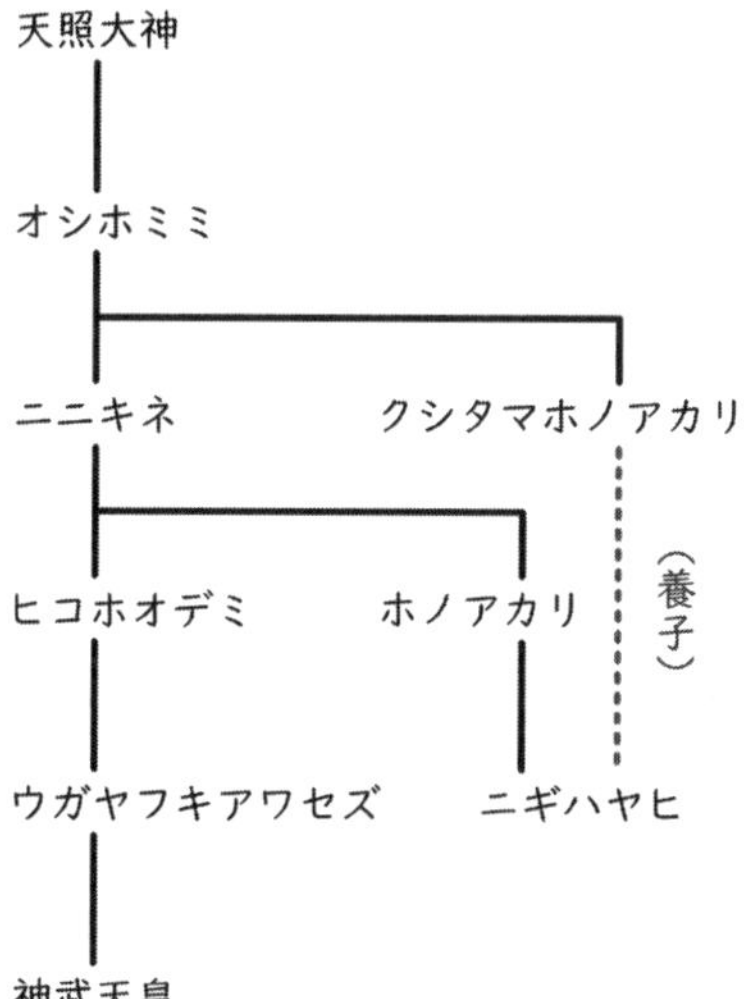

29章 ［タケヒト　大和討ちの章］

ホツマツタヱの後編にあたる「ヤ」の巻のはじまりです。

筑紫のタケヒトが、軍勢を率いて飛鳥に攻め入るという、いわゆる『神武東征』です。

飛鳥のニギハヤヒは、臣のナガスネヒコとともに専制的な政治を執るようになっており、ひとびとの間でも筑紫のタケヒトを求める声が高まっていました。

そこでタケヒトは筑紫を発つと、船で瀬戸内海を抜けて河内湾へと入り、生駒山を越えて、奈良盆地を目指しました。しかしここでナガスネヒコの反撃にあい、タケヒトは追い返されてしまいます。

「わたしは天照大神の子孫なのだから、朝日のように東から進軍すべきだ」

そういうとタケヒトは、紀伊半島をぐるりと回り込む作戦に変更します。行軍では兄たちを失ってしまうのですが、代わりに多くの仲間と出会うことで、敵本陣までたどり着くことができました。すると黄金に輝く大鳳が降りてきて、タケヒトの弓に止まります。ここに、ニギハヤヒは天意を悟りました。抵抗をつづける臣のナガスネヒコをみずからの手で斬って、ニギハヤヒはタケヒトのもとに下りました。

30章 あまきみみやことりのあや

「天君(アマキミ) 都鳥(ミヤコトリ)の章(アヤ)」

タケヒトは「神日本磐余彦(カンヤマトイハワレヒコ)」と称えられて、橿原(カシハラ)宮で即位することになります。これがいわゆる、初代天皇の即位です。即位の式典に先がけては、各地に分けて祀られていた三種の神器をふたたび集めました。神器は先代から譲渡されるものなのですが、父ウガヤフキアワセズはすでになくなっているので、神器の譲渡役を定めるなど新たな法整備もすすめられます。

即位の式典では「ミヤコトリ」の歌が奏上されました。「都鳥」という鳥の名に「都を執る（政治をおこなう）」の意味が掛けられていて、国家のあり方が鳥にたとえられています。頭は君主であり、両羽は左右の大臣であり、足は物部(モノノベ)（行政執行官）であり、身体は民なのだから、それぞれが驕ることなく役目を果たすことで、国が繁栄できると詠われている歌です。

三種の神器が譲渡され、タケヒトは即位して「天君(アマキミ)」となりました。これは天照大神の孫のニニキネ以降の称号です。飛鳥宮でニギハヤヒが受け継いでいた、十種神宝も譲られました。ニニキネ以降、二つに分かれていた朝廷は、ここに統一されたのでした。

31章

［直り神　三輪神の章］

初代・神武天皇から、2代・綏靖天皇、3代・安寧天皇、4代・懿徳天皇、5代・孝昭天皇、6代・孝安天皇まで語られます。いわゆる『欠史八代』のかたがたです。

神武天皇の御子による横恋慕の話や、2代天皇による兄弟争いの話などが描かれています。記紀と同じく、このあたりの記述はとても少ないのですが、ホツマツタヱにしかない記述もあり、古代氏族をたどるうえでも重要な章となっています。

例えば「直り神」とは、「直り中臣神」と「直り物主神」のことをいいます。「直り中臣神」とは、アマノコヤネから三代の称え名です。優秀な左大臣というような意味であり、のちの中臣氏や藤原氏とつながってゆきます。「直り物主神」とは、クシヒコから三代の称え名です。優秀な右大臣というような意味であり、のちの三輪氏や賀茂氏とつながります。直り神によってワカヒメの稲虫払いも「風吹の祀り」として復興され、稲穂もうず高く積まれたことから、収穫祭がはじまりました。大臣たちも優秀だったので、国も安らかに治まっていったようです。

「天君」という称号もしだいに、「天皇」へとかわってゆきます。

32章 ［富士（フジ）と淡海（アワウミ）瑞（ミヅ）の章（アヤ）］

7代孝霊（こうれい）天皇、8代孝元（こうげん）天皇、9代開化（かいか）天皇について語られます。

7代・孝霊天皇は、天照大神の孫ニニキネを崇敬していました。そうするうちにニニキネと同じく3つ子が、それも2組産まれたといいます。そこで民でも臣でも3つ子を産んだものには褒美を与えました。さらにニニキネゆかりの蓬莱山（ハラミヤマ）（富士山）の絵と、淡海（琵琶湖）の絵が同時期に献上されたので、いよいよ思いが募ってしまい、はやばやと譲位をすると、蓬莱山の登拝をおこないました。ニニキネが築いた8つの湖のうち、すでに3つは火山活動によって埋まっていたといいます。そんなおりに今度は、藤（ふじ）の花が献上されました。孝霊天皇はこれを奇瑞として「蓬莱山」を改めて「富士山（フジヤマ）」と名づけました。

9代・開化天皇は、父である8代・孝元天皇の妃を娶るという禁忌を冒してしまいます。忠臣オミケヌシがこれを諫めたのですが、開化天皇は聞き入れません。オミケヌシは「穢れた禄（ロク）を食むわけにはいかない」と激怒して、朝廷を去ってしまいました。オミケヌシはクシヒコの子孫にあたりますから、20アヤのクシヒコと同じく、君主が過ったときには命を懸けて諫めるのでした。

33章 【神崇め　疫病治す章】

10代・崇神天皇について語られます。9代・開化天皇が禁忌を冒して生まれた子であるため、崇神天皇はみずからの穢れを恐れていました。そこで三種の神器のうち、鏡と剣を宮中の外で祀ることにして、穢れから神器を遠ざけようとしました。けれども、罪は濯げなかったようです。国を疫病が襲い、国民の半数がなくなったといいます。

崇神天皇は神の咎めを受けているとして、八百万の神に祈りを捧げます。すると孝霊天皇の皇女に、大物主の神が降りてきてこのように告げました。

「わが御霊を、末裔のオオタタネコ（大田田根子）に祀らせよ」

崇神天皇はお告げに従い、オオタタネコを探し出します。それは開化天皇のもとを去ったオミケヌシの子（孫）であり、大物主の子孫でした。大物主とは、ソサノヲ・オホナムチ・クシヒコから代々つづいてきた一族です。ながらく朝廷を支えてきた右大臣の一族であり、この存在なくして国は立ちゆきません。オオタタネコを斎主として大物主の神を崇めたところ、疫病は治まりました。

34章 みまきのみよみまなのあや

［ミマキの御世（ミヨ） 任那（ミマナ）の章（アヤ）］

疫病は治まったものの、国内はまだまだ荒れていました。そこで崇神天皇は、朝廷を狙った反乱軍を討伐してゆきます。さらに四道将軍（ヨミチノイクサ）という4人の武将を各地に派遣しました。するとようやく国も治まってきたので、今度は大規模な免税をおこないました。これによって民の暮らしも、おおいに安定したといいます。ひとびとは崇神天皇の本名（オミナ）である「ミマキイリヒコ」からとって、崇神天皇の治世を「ミマキの世」と称えました。

海外からはツノガアラシト（都怒我阿羅斯等）が渡来してきます。朝鮮半島にあった加羅（カラ）国の皇子であり、日本に遊学にきたようです。崇神天皇によく仕えたので「ミマキの名」を賜り、帰国後は「任那（ミマナ）」という国を建てたそうです。けれどもその帰路に、隣の新羅（シラキ）国と争いが起こってしまい、ふたたび日本に協力を求めました。崇神天皇はすぐに援軍を派遣しました。任那国との繋がりは、さらに深くなったようです。

出雲の神主であるフリネは、神宝を朝廷に渡してしまった弟を恨み、花見に誘ってだまし討ちしました。この罪により、フリネもまた皇軍に討たれてしまいます。谷底に眠るフリネの御霊は、39個の銅鐸（ミカラヌシ）が鎮めていたといいます。

35章

［日槍(ヒボコ)來(キ)たる　相撲(スマヰ)の章(アヤ)］

新羅国の皇子アメヒボコ（天日槍）が渡来します。ツノガアラシトよりも20年ほどはやく来日していたのですが、こちらは帰化して但馬（兵庫県北部）に居ついていました。11代・垂仁(すいにん)天皇には、アメヒボコの子孫が忠臣として仕えていたそうです。

垂仁天皇の世には、サホヒメとサホヒコによる反乱がありました。垂仁天皇の后サホヒメは、兄のサホヒコから垂仁天皇の寝込みを襲うようそのかされます。けれどもサホヒメは膝のうえで眠る夫を討つことができず、泣く泣くすべてを打ち明けてしまいました。謀略を知った垂仁天皇は、義兄を討つべく軍を送ります。しかしサホヒメは、兄を裏切ることもできないとして兄の居城に籠り、ともどもに焼き討ちとなりました。

垂仁天皇の時代には、相撲もはじまります。タエマクエハヤ（當麻蹶速）が力比べを願いでたので、ノミノスクネ（野見宿禰）との天覧試合がおこなわれました。相撲(スマヰ)の里に土俵を築くと、タエマクエハヤは東、ノミノスクネは西から立ち合います。タエマクエハヤの腰を踏みぬいて、ノミノスクネの勝利が決まると、軍配(ウチハ)があがりました。ノミノスクネには褒章として、鉄弓(カナユミ)とタエマクエハヤの領地が与えられました。

36章 やまとひめかみしつむあや

【倭姫（ヤマトヒメ） 神鎮（カミシヅ）む章（アヤ）】

11代・垂仁天皇の皇女ヤマトヒメ（倭姫命）について語られます。天照大神の御霊に奉斎して、伊勢神宮の祭祀をはじめたかたです。

10代・崇神天皇の皇女トヨスキヒメは、宮中で祀っていた三種の神器のうち天照大神の御霊が宿る「八咫鏡」に奉斎して、天照大神の告げるままに各地を巡っていました。けれども高齢のため奉斎が難しくなったので、役目をヤマトヒメに譲ります。

そんなある日、ヤマトヒメに仕える臣がサルタヒコ（猿田彦神）に出会いました。サルタヒコは天照大神が晩年を過ごした伊勢の聖地を守りつづけており、天照大神の御霊が還ってくる日を、いまかいまかと待っていたそうです。ヤマトヒメはすぐに駆けつけると、荒れ果てた聖地の草を刈らせ、木を伐りだして柱とし、立派な宮を築いて、天照大神の御霊（鏡）を遷しました。

天照大神の御霊はおおいに喜び、今度は祖父の豊受大神とともに祀られることを願ったといいます。そこで丹波（タニハ）から、豊受大神の御霊も呼びよせられました。これが伊勢の内宮・外宮のはじまりです。

37章  「鶏合わせ（トリア）橘の章（タチハナアヤ）」

11代・垂仁天皇は、葬送のさいに従者を後追いさせるという儀礼に、心を痛めていました。そこで大臣たちに相談したところ、相撲の勝者であるノミノスクネが「埴輪（ハニワ）」を作って代わりに埋めることを提案しました。垂仁天皇はこれを褒めると、ノミノスクネに「埴輪」の製造や、古墳の造営を任せました。

「鶏合わせ（トリア）」とは、雄鶏を戦わせる「闘鶏」のことです。垂仁天皇が闘鶏見物をしていると、童子が美しい鶏に向かって「カマハタ！」と声を掛けました。聞けば、カマハタトべという美しい娘がいて、美しい鶏にもこのように掛け声するといいます。后に先立たれて淋しく思っていた垂仁天皇は、カマハタトべを新たな后として迎えました。

アメヒボコ（天日槍）の玄孫にあたるタジマモリ（田道間守）は、常世国から橘の原種を持ち帰るよう、垂仁天皇に命じられました。そこでタジマモリは十年をかけて、常世国に馴染むと、ようやく橘の実や株を分けてもらうことができました。けれども帰ってきてみれば、垂仁天皇はすでに崩御していました。嘆き悲しんだタジマモリは、垂仁天皇の後を追って、なくなったといいます。

38章

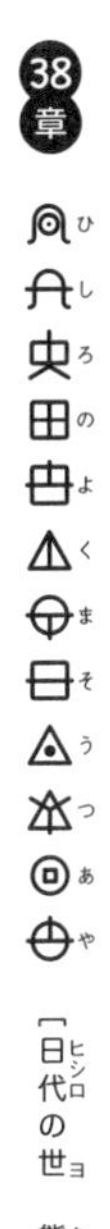

［日代(ヒシロ)の世(ヨ) 熊襲(クマソ)討(ウ)つ章(アヤ)］

12代・景行(けいこう)天皇ついて語られます。大和（奈良県）の日代宮(ヒシロ)で暮らしたことから、景行天皇の時代は「日代の世」といわれました。

九州の熊襲(クマソ)が朝廷に背いたので、景行天皇はみずから平定に向かいます。まず山口県の佐波から、福岡県の長尾にはいりました。そこから大分県の宇佐を抜けて、宮崎県の高屋に留まり熊襲を討ちます。つづけて鹿児島県の霧島山の北側を通って西岸部へでると、熊本県の葦北から八代にはいり、島原半島や阿蘇を巡ってから、福岡県の八女や浮羽へ戻ってきました。九州を一回りして反乱勢力をすべて治めたので、景行天皇は大和まで帰ってゆきます。

ところが、熊襲はふたたび反乱を起こしました。そこで今度は、景行天皇の皇子のうち双子の弟にあたるコウスを派遣します。コウスは乙女の姿に変装すると、衣のなかに剣を隠して、熊襲の酒宴に潜り込みました。そうしてみなが酔いつぶれる夜更けを待ってから、首長を討ったのです。熊襲の首長は、コウスの武勇を称えて『ヤマトタケ（日本武尊）』の名を捧げました。ヤマトタケとなったコウスは、西日本をすべて治めてゆきます。

39章

［ホツマ討（ウ）ち　連歌（ツヅウタ）の章（アヤ）］

西国の熊襲につづいて、東国の蝦夷（エミシ）も朝廷に背いたので、ふたたびヤマトタケが派遣されることになりました。「ホツマ討ち」とは「東国平定」という意味です。

ヤマトタケはまず戦勝祈願のために伊勢に向かうと、叔母のヤマトヒメから、ソサノヲゆかりの神剣と、「火水土（ヒミツ）の祓い」（22アヤ）を授かりました。ヤマトタケはこの神宝に何度も助けられます。

静岡県では焼津までおよんでいた敵軍を薙ぎ払い、神奈川県の小野では城攻めにあっていた友軍を助けました。船で千葉県へ渡ると、茨城県の香取や鹿島などの勢力を取り込み、勿来を越えて福島県に入ると、蝦夷の本拠地である宮城県の仙台まで進軍しました。迫りくる皇軍に、蝦夷も交渉のすえに降伏しました。これにより東国も平定となります。

大和までもどる道中では、侍（サブライ）のひとりが疲れきって「武力よりも詩歌が得意なのだが、いまの世では力ばかりが求められる」と嘆きました。そこでヤマトタケは十九音で詠まれる「連歌（ツヅウタ）」で腕試しをします。侍は見事に歌をつづけることができたので、ヤマトタケは褒美として領地を与えました。

40章

［熱田神世を辭む章］

ホツマツタヱの最終章です。ヤマトタケの最期について語られます。

ヤマトタケは東国遠征の帰路に、伊吹山の神に挑んで、返り討ちに合ってしまいます。手傷を負ったヤマトタケは、三重県の能褒野であえなく力尽きてしまいました。辞世の句を歌いあげたヤマトタケは熱田神と称えられます。父の景行天皇はおおいに嘆き悲しんで、壮大な葬儀をおこないました。

のちに景行天皇は、ヤマトタケの足跡を巡る行幸に出ます。するとある夜、夢のなかにヤマトタケがあらわれて、じぶんはソサノヲの生まれ変わりだったと告白しました。もう一度、世に尽くしたいという思いから生まれてきたのであり、西国・東国を平定することで願いは叶えられたというのです。景行天皇はこの言葉におおいに慰められました。

ほどなく景行天皇は、忠臣オオタタネコにホツマツタヱの「ヤ」の巻を編纂させます。もし歴史を顧みていれば、ソサノヲに所縁のある伊吹山の神と対峙することもなく、命を落とすこともなかったかもしれない。またもしくはヤマトタケの功績を未来に残したい。そんな思いから『ホツマツタヱ』は生まれたのかもしれません。

みかさふみ［神載山書記］

ホツマツタヱと対になる文献であり、五七調で書かれています。ホツマツタヱをなぞるような記述もあれば、ホツマツタヱより踏み込んだ解説もあり、ホツマツタヱと照らし合わせながら読むべき書であるようです。なかでも年中行事など、祭礼についてはとくに詳しく載っています。編纂者のオオカシマは、アマノコヤネの子孫にあたり、御蓋臣（ミカサヲミ）という祭祀を担う一族だったといいます。

オオカシマの語る序文によると、ホツマツタヱ・ミカサフミ・カクミハタという史書はすべて、ヤマトタケの遺言によって編纂がはじめられたといいます。

ふとまに［神敕基兆傳太占書紀］

天照大神がみずから編纂した和歌集です。フトマニ図から読み取れる128卦を、128首の和歌として収集しています。「五七五七七」の31音ではなく、「九十九三」の31音で詠まれています。卦の吉凶をわかりやすくするため、歌に詠んだといいますが、歴史を題材としているうえに、掛け詞がいくつもあり、非常に難解です。

第3章

ホツマツタヱと記紀

古事記と記紀の違いってどんなとこ？

「記紀」とは、古事「記」と日本書「紀」を合わせた略称です。

ホツマツタヱは記紀のもとになった歴史書といわれていますが、ここからはホツマツタヱと記紀とどこが違うのかを、実際に見比べてゆこうと思います。

その前にまずは、古事記と日本書紀の違いについて触れておきます。一般的には、古事記は国内向け、日本書紀は国外向けに作られたといわれています。

古事記は「ふることぶみ」とも読みます。７１２年に編纂された書物であり、全3巻で構成されていて、天地開闢から33代・推古天皇までが書かれています。内容は物語的に描かれていて、日本化された漢文「変体漢文」で記されています。日本の歴史における、天皇家の正統性を示しているようです。

日本書紀は「やまとふみ」とも読みます。７２０年に編纂された書物であり、全30巻で構成されていて、天地開闢から41代・持統天皇までが書かれています。年代順に出来事をあげる編年体で描かれていて、漢文で記されています。日本国家としての、歴史の公式見解を示しているようです。

全体の流れとしては、記紀もホツマツタヱもそれほど変わりません。重要な展開ごとに区切ってみると、このようになります。

①『天地開闢（てんちかいびゃく）』
②『国生み（くにう）』
③『天岩戸（あまのいわと）』
④『国譲り（くにゆず）』
⑤『天孫降臨（てんそんこうりん）』
⑥『海幸彦（うみさちひこ）と山幸彦（やまさちひこ）』
⑦『神武東征（じんむとうせい）』
⑧『欠史八代（けっしはちだい）』
⑨『神祀り（かみまつ）』
⑩『日本武尊（やまとたける）』

記紀はまだつづくのですが、ホツマツタヱに合わせて比較もここまでとします。

10の展開を、もうすこし詳しくみてみます。

①『天地開闢』は、天地が分かれて原初の神々が誕生する場面です。
天神七代の時代です。

②『国生み』は、イサナギ・イサナミが国を生む場面です。
天照大神が誕生します。イサナギの「黄泉下り（よみくだり）」もここに含みます。

③『天岩戸』は、天照大神の岩戸隠れと、諸臣による岩戸開きの場面です。
天照大神の時代です。ソサノヲの「誓約（うけい）」もここに含みます。

④『国譲り』は、オシホミミが国を譲り受ける場面です。
天照大神の子の時代です。「出雲神話（いづもしんわ）」もここに含みます。

⑤『天孫降臨』は、高天原からニニキネが降りてくる場面です。
天照大神の孫の時代です。

⑥『海幸彦と山幸彦』は、海幸彦と山幸彦の兄弟喧嘩の場面です。
天照大神の曾孫の時代です。天照大神の玄孫の時代もここに含みます。

⑦『神武東征』は、タケヒトが東征を遂げて即位する場面です。

初代・神武天皇の時代です。

⑧『欠史八代』は、記述が少ないため存在が疑問視されている初期の天皇のことです。

2代・綏靖天皇から、9代・開化天皇までの時代です。

⑨『神祀り』は、天照大神や大物主神の御霊が祀られる場面です。

10代・崇神天皇と、11代・垂仁天皇の時代です。

⑩『日本武尊』は、ヤマトタケが西国と東国を平定する場面です。

12代・景行天皇の時代です。

この展開は、記紀もホツマツタヱも基本的には同じです。ではなにが違うのかというと、細かな点でいえば、例えば「神名」が違っています。記紀では、天照大神の末弟を「スサノオ」といい、古事記では「須佐之男」、日本書紀では「素戔嗚」と表記します。これがホツマツタヱでは「ソサノヲ」といい、ヲシテ文字では「[ヲシテ文字4字]」と表記します。神名が違うだけでもさまざまな問題が起きてくるのですが、こうした違いをあげてゆけばきりがありません。

そこでこの10の展開から、おおきく異なる部分をみてゆくことにします。

①『天地開闢』〜神様なのか人なのか〜

記紀とホツマツタヱでは、「神」が地上に降りてくる時代が違っています。

記紀では、⑤『天孫降臨』で「神」は地上に降りてきます。

ホツマツタヱでは、①『天地開闢』からすでに「神」は地上で暮らしていました。

記紀では、①『天地開闢』の後、「神」は天上の世界に暮らしていました。⑤『天孫降臨』によって天から降りてくると、「神」は、地上の世界で暮らすようになります。

ホツマツタヱでは、①『天地開闢』の後、「神」ことアメミヲヤ（天御祖神）は、魂の入れ物として原初の人間アメノミナカヌシ（天之御中主神）を造ると、「人」のなかに降臨しました。アメノミナカヌシが国を建て、君主に即位してクニトコタチ（国常立尊）となります。こうして「神」は「人」として、地上で暮らすようになりました。

記紀において、「神」と「人」の区別ははっきりとしません。『天孫降臨』以前から「人」は地上に存在していたようでもありますし、『天孫降臨』以後に「神」が「人」となったようでもあります。ここはとても曖昧な表現となっています。

ホツマツタヱおいて、「神」ははじめから「人」として描かれています。人間というのは、原初の「人」から殖えていった存在であり、「人」が殖えたことで国を作りました。国を築くと、集団を治める君主が必要となってきます。そこで「アマカミ」があらわれました。これは天上世界の「神(カミ)」ではなく、君主という役職としての「守(カミ)」であり、あくまで「人」が「人」を治める社会や国家を築いていたということです。漢字で表記するならば「天守(アマカミ)」となるのですが、こうした原初の人間はのちに星となって子孫を見守る存在になったともいいますから、ここでは「天神(アマカミ)」と表記してゆきます。

記紀では、⑤『天孫降臨』の地は九州とされています。以後は、⑦『神武東征』まで九州から出ていません。けれども全国各地には、天孫降臨以前の神々の痕跡が、神社や史跡にたくさん残されています。この説明がつけられないために、天孫降臨以前の神々は神名を変えて祀られているようです。記紀ではわからない謎の神というのは、その土地で大切に守られてきた太古の存在といえるでしょう。

ホツマツタヱでは、①『天地開闢』からすでに地上で暮らしていました。天神は全国を治めていたので、日本各地に天孫降臨以前の神社が残ることになんの不思議もありません。「神」は「人」としてずっと地上にいたので、ホツマツタヱに描かれているのは「神」の神話ではなく、「人」の歴史だったといえます。

②『国生み』～アマテラスは男神だった～

記紀では、イザナギ・イザナミによる国土形成の神話が描かれています。日本列島を築いてゆくとともに、さまざまな神を生みだしてゆきます。このときはじめに産んだのが、ヒルコとアハシマ（淡島）です。やがてイザナミは火の神を産んださいに、火傷を負ってなくなってしまいます。イザナギはこの後にひとりで、天照大神・ツクヨミ・スサノオを産んだといいます。

ホツマツタヱでは、イサナギ・イサナミによる国生みとは、全国を巡ってアワウタを教え、乱れた世を治めてゆく話になっています。このときイサナギとイサナミは、交合によって5人の実子を産みました。ヒルコ・ヒヨルコ・天照大神・ツキヨミ・ソサノヲです。記紀では、イザナギ・イザナミによる国土形成を『国生み』といい、多くの神々を生んだことを「神生み」といっています。さらに、古事記にいたっては天照大神とツクヨミとスサノオに限っていえば、イザナギが単身で産んでいます。

ホツマツタヱでは、イサナギ・イサナミが国を治めてゆくさまが『国生み』です。ここには各地に地方長官を定めて、国家や朝廷の礎を築いたという意味もあるようです。また

5人の実子はすべて、母イサナミから産まれています。

ここで重要なことは「天照大神の誕生」です。なぜなら記紀もホツマツタヱも、天照大神を中心とした物語が描かれているからです。

天照大神といえば、伊勢内宮のご祭神として祀られています。皇室の祖神であり、日本神道の最高神や、太陽の神、国民の総氏神といわれています。一般的には「女神」とされていますが、ホツマツタヱでは「男神」です。

天照大神を男神として祀っていた痕跡は日本各地にあるといいます。また伊勢においても、天照大神は「女神とは限らない」ともいうようです。古代の君主においても、天照大神だけ「女神」となるのはとても不自然なことです。また、世界的にみても太陽神といえば「男神」が多いようです。

ではなぜ「女神」とされているかといえば、日本書紀の記述によるようです。日本書紀には、天照大神の別名として「大日孁貴（おおひるめのむち）」とあります。ここにある「孁（め）」という字が、女性をあらわすといいます。また日本書紀では、弟のスサノオが、天照大神のことを「姉」と呼んでいます。こうしたことから、天照大神は「女神」とされているようです。逆にいえば天照大神が「女神」とされる根拠は、この2点に限るともいえます。

ホツマツタヱでは、天照大神は「男神」であり、イサナギ・イサナミの待望の長男として産まれました。すでに長女ヒルコは産まれていたのですが、世継ぎとなるものは「男」でなければならず、長男の出産が待ち望まれていました。

天照大神は幼名を「ウヒルギ」といいました。漢字をあてるとすれば「大日霊杵（ウヒルギ）」となります。「大いなる日の霊をやどす男」という意味です。ホツマツタヱの「ウヒルギ」に日本書紀は「大日孁貴（ウヒルギ）」とあてて、「大日孁貴（おおひるめのむち）」と読ませたようです。

ここには、記紀において天照大神を「女神」として編纂したいという意図があったといいます。記紀が編纂された時代は、女性天皇があらわれた時代でもありました。そうした社会情勢から、「男神」であった天照大神が「女神」に変えられたともいわれます。

ですが、それだけではないのかもしれません。ホツマツタヱには、「男神」の天照大神をしのぐほどの、「女神」の活躍も多く描かれています。そんな女神たちの姿が、天照大神の「女神」像のモデルになったともいえそうです。

天照大神の姉であるワカヒメや、天照大神の后となるセオリツヒメという存在は、記紀では消されてしまっています。そんなおふたりの姿が、男神の天照大神と重なりあって、現在の「女神」像に繋がっているようです。

③『天岩戸』～アマテラスとスサノオ～

記紀では、イザナギ・イザナミははじめに「ヒルコ」と「アハシマ」を産みました。どちらも体が弱く、その後の記述もないことから、なくなったと考えられています。

ホツマツタヱでは、イサナギ・イサナミははじめに「ヒルコ」と「ヒヨルコ」を産んでいます。ヒルコは大臣に養育を任せるために、船に乗せて旅立たせました。ヒヨルコは早産のためになくなったので、船で海に流したようです。ヒルコはやがて天照大神を支える存在へと成長します。親もとへ戻ると「ワカヒメ（稚日女尊）」と呼ばれました。母イサナミがなくなった後は、弟ソサノヲの面倒もみていたようです。

ソサノヲは姉ワカヒメ（ヒルコ）を、とても慕っていました。朝廷を追放されて流離刑となったさいも、ソサノヲは姉ワカヒメに挨拶へゆきます。しかし姉は、弟がくるのは国を奪うためかもしれないと臨戦態勢で迎えました。ソサノヲは仕方なく「心が清らかなら男が産まれ、心が汚ければ女が産まれる」という誓いをして去ってゆきます。これは記紀でいうところの「誓約（うけい）」の場面でもあります。

ホツマツタヱの「誓約」は、ワカヒメとソサノヲの間で交わされます。

けれども記紀の「誓約」は、天照大神とスサノオの間で交わされます。日本書紀でスサノオが天照大神を「姉」と呼んでいるのは、この「誓約」の場面だけです。

ですからホツマツタヱにおける姉ワカヒメの姿が、記紀では天照大神と書き換えられて、ここにのみ「姉」という記述が残されたのかもしれません。だとすると、日本書紀において天照大神が「女神」とされる2つの理由、「大日孁貴」と「姉」は、どちらもホツマツタヱから否定できるといえます。

また記紀では、誓約の場面で天照大神の子が産まれます。天照大神が剣を噛んで吹きだすと3人の姉妹が産まれ、スサノオが玉を噛んで吹きだすと5人の兄弟が産まれたといいます。このように記紀では、神話的な展開によって8人の子が産まれたとされています。さらに8人のうち、3人の姉妹はスサノオの娘とされ、5人の兄弟は天照大神の息子とされました。

ホツマツタヱでは、男女の交合によって子が産まれます。世継ぎ問題解消のため、天照大神には側室として12人の妃が置かれていて、天照大神は妃たちとの間に、8人の子をもうけました。なかでも正后となったのはセオリツヒメ（瀬織津姫）というかたで、世継ぎ子のオシホミミを産んでいます。このようにホツマツタヱでは、人間的な営みによって子が産まれています。また、8人すべてが天照大神の子となっています。神社での祭祀においても、この8人は「五男三女神」として祀られています。五男と三女を分けて祀るのではなく、「誓約で産まれた神」として合わせて祀られているのも、すべて天照大神の御子だからなのでしょう。

天照大神の正后となったセオリツヒメはとても優れたかたであり、妃たちを取り仕切っていたといいます。天照大神が行幸で不在のさいには、政治を代行していたようです。とくに『天岩戸』の事件の後、ソサノヲが断罪される場面ではこんな違いがあります。

記紀では、スサノオは髪と爪を抜かれたうえで、高天原を追放されています。記紀でいう「高天原」とは、天上の世界のことです。

ホツマツタヱではソサノヲは髪と爪を抜かれたうえで、死刑を求刑されました。しかしセオリツヒメが助命嘆願をして、高天原を追放されるに留まりました。ホツマツタヱでいう「高天原」とは、朝廷や中央政府のことです。

セオリツヒメは嘆願により、ソサノヲの命を救いました。もしここでソサノヲがなくなっていたら、日本の歴史はおおきく変わっていたでしょう。というのもホツマツタヱには、ソサノヲの子孫が深く関わっているからです。

④『国譲り』～スサノオの系譜～

記紀にもホツマツタヱにも、八岐大蛇（ヤマタノオロチ）が登場します。

記紀では高天原を追放されたスサノオは、八岐大蛇を倒すことで后と結ばれました。ふたりは「出雲」に宮を建てて暮らすようになります。やがてオオナムチが後を継いで、国を豊かにしてゆきました。豊かになった国を、高天原の神々に譲るというのが『国譲り』です。ホツマツタヱでは『国譲り』のことを「カシマ断（ダ）チ」といいます。

「出雲」を舞台として語られる一連の場面は、「出雲神話」といわれます。物語の大筋はどれも同じなのですが、出雲神話には「国を譲った側」の言い分も含まれるのか、古事記も日本書紀もホツマツタヱもそれぞれ別の内容を伝えています。

古事記の「出雲神話」は、とりわけ多くが語られています。出雲国にやってきたスサノオは、后とともに暮らしました。後を継いだのはスサノオの6代孫のオホアナムチです。「因幡（いなば）の白兎」の物語や、兄弟にいじめられてなくなる話、そのたびに復活する話、さらには地下世界に降りていってスサノオに会い、スサノオの娘と結ばれるために試練を受ける話など、たくさんの物語があります。なかでも小人神スクナヒコナと出会い、全国を巡り治めたことは「国作り」といわれます。こうして作った国を、高天原の神々に譲るのが『国譲り』です。

日本書紀の「出雲神話」の記述は、とても少なくなっています。出雲国にやってきたスサノオは、后とともに暮らしました。後を継いだのは、スサノオの子オホアナムチです。小人神スクナヒコナと出会い、全国を巡り治める「国作り」をおこなったのですが、のちに高天原の神々に『国譲り』します。

ホツマツタヱの「出雲神話」は、「ハタレの動乱」が含まれるので膨大です。ホツマツタヱにしか残されていない話で、八岐大蛇も動乱の一部とされています。動乱の首謀者は、細戈千足国（サホコチタル）（山陰地方）の地方長官でした。ソサノヲはハタレの首謀者を討伐した褒章として、細戈千足国を朝廷から賜ります。そこで国の名も「出雲（イヅモ）」と改めました。後を継いだのは、ソサノヲの子オホナムチです。右大臣と国防大臣を兼ねたような役職の大物主（オオモノヌシ）に就任すると、スクナヒコナとともに全国を巡りました。さらに、息子のクシヒコを大物主の副官である事代主（コトシロヌシ）に就任させると、みずからは出雲の農業指導をおこない自国を豊かにしてゆきました。けれどもあまりに栄華を誇ったために、朝廷から逆心の疑いを掛けられてしまいます。そして「カシマ断チ」によって、出雲国を明け渡すこととなります。

記紀では、スサノオが「出雲国」にやってきて統治者となっています。子孫のオホアナムチは出雲国を足がかりに、全国を治めました。ですから『国譲り』で譲ったのは、地上世界であり「日本全国」となります。また、国を譲った相手というのも、高天原という「天上世界に暮らす神々」となっています。

ホツマツタヱでは、ソサノヲが「出雲国」を建てて統治者となっています。子のオホナムチは初代・大物主として全国を治めたものの、領地は出雲のままです。ですから「カシマ断チ」で明け渡したのも「出雲国」という山陰地方の一国でしかありません。また、国を譲った相手というのも、高天原という「中央朝廷」です。

記紀における『国譲り』とは天上世界と地上世界の係争であるのに対して、ホツマツタヱの「カシマ断チ」は中央朝廷と出雲国の政争となっています。

『国譲り』の後にもおおきな違いがあります。

記紀では、国譲りを迫られたオホアナムチは、息子の事代主（ことしろぬし）に相談をします。船で釣りをしていた事代主は、逆らわずに従うよう伝えると、船をひっくり返して船（海）に「隠れ」ました。また、オホアナムチも国を譲ると「隠れて」しまいました。「隠れる」は「身罷る」と同じ意味といわれ、ふたりともなくなったと考えられています。

ホツマツタヱでは、国譲りを迫られたオホナムチは、息子のクシヒコに相談をします。船で釣りをしていた事代主クシヒコは笑顔を作ると、逆らわずに従うよう伝えました。こうしてオホナムチは津軽に左遷されることとなり、クシヒコは父の代わりに大物主に就任して朝廷に務めることとなりました。出雲国からは離れたものの、オホナムチもクシヒコも生きながらえています。この子孫が代々、大物主と事代主の役職を継いで、国家守護を担うことになります。ホツマツタヱ前編の編纂者であるクシミカタマも、ホツマツタヱ後編の編纂者であるオホタタネコも、大物主の一族です。ホツマツタヱは、ソサノヲの子孫によって書かれているのでした。

記紀ではスサノオの系譜は「隠れて」しまい、途絶えたことになっています。代わりに大物主神という謎の存在があらわれて物語を繋いでいます。ホツマツタヱでは役職名だった大物主を、記紀では神とすることで物語のつじつまを合わせているようにもみえます。

ホツマツタヱでは、ソサノヲの系譜は途絶えることなく代々続いています。『天岩戸』事件のさいに、セオリツヒメが助命を嘆願したのも、ソサノヲという存在の重要性を見抜いていたからでしょうか。ソサノヲがいなければ、国防を担う存在も、歴史書を残す存在も、この国にはあらわれていなかったかもしれません。

⑤『天孫降臨』～天降ったのは2人だった～

「天孫」というのは「天照大神の孫」のことです。

記紀では、天界に暮らしていた「天孫」のニニギが、地上の世界に「降臨」することを『天孫降臨』といいます。ニニギは諸大臣をひき連れて、筑紫（九州）の高千穂（たかちほ）に降りてきました。そのさいは、サルタヒコ（猿田彦）が道案内をしたといいます。

ホツマツタヱでは「天孫」が2人います。兄クシタマホノアカリと、弟ニニキネです。2人がそれぞれ都をひらいたので、2つの朝廷が同時に存在する時代がはじまりました。ホツマツタヱにおける『天孫降臨』とは2人の「天孫」による「遷都」のことといえます。

兄クシタマホノアカリは、宮城県の仙台平野北部から、奈良盆地南部の飛鳥へ都を遷しました。遷都のさいには諸大臣を大勢ひき連れていたといいます。この大行列が『天孫降臨』とみえたのでしょう。はじめは兄のクシタマホノアカリが世継ぎとして政権を担っていたようです。

弟ニニキネは、茨城県の筑波に新治宮（ニハリ）を築いて暮らしていました。ここでニニキネは、井堰（イセキ）を築いて水の流れを調節し、田畑に水を安定供給させるというかんがい事業を研究していました。これによって新治宮のあたりは、豊かな収穫を得たといいます。このかんがい事業を全国に広めようと、ニニキネは伊勢にいる祖父の天照大神に相談しました。けれどもニニキネが全国を巡れば、兄クシタマホノアカリとの間で政権争いにもなりかねないとして、天照大神は認めませんでした。そこでニニキネは、伊勢でもかんがい事業をおこない、豊かな稔りが得られることを実証します。これによって天照大神もニニキネの全国行脚を認めると、三種の神器を賜りました。天孫であることと、国家事業の証しとしての神器だったのでしょうが、これによりニニキネも正当な世継ぎとなったのです。

かんがい事業をおこなうニニキネの全国行脚にも、多くの大臣が伴いました。この大移動もまた『天孫降臨』とみえたのでしょう。琵琶湖の西岸ではサルタヒコと出会い、道案内を頼んだといいます。こうして全国に井堰が築かれると、収穫量も大幅に上がったそうです。事業を終えたニニキネは、富士山の麓にある蓬莱浅間宮（ハラアサマ）を都としました。

兄クシタマホノアカリの朝廷は西国を治め、弟ニニキネの朝廷は東国を治めるようになりました。ここから朝廷が2つあるという、二朝並立の時代がはじまります。

記紀では、天孫降臨をしたのは弟のニニギだけとされています。二朝並立についてはなにも描かれていませんから、これもまたおおきな違いといえます。

⑥『海幸彦と山幸彦』～物語の舞台は琵琶湖周辺だった～

『海幸彦と山幸彦』の物語は、記紀もホツマツタヱもほとんど変わりません。天孫ニニキネの三つ子のうち、兄の海幸彦と弟の山幸彦の兄弟喧嘩について語られる場面です。ではなにが違うのかといえば、物語の舞台となる場所が異なっています。

記紀では、⑤『天孫降臨』の地は九州の高千穂とされていますので、⑥『海幸彦と山幸彦』の物語も九州が舞台となっています。ホツマツタヱでは、琵琶湖周辺と九州を行き来する壮大な物語になっています。そこで痕跡とされる神社をたどりながら、ホツマツタヱにおける『海幸彦と山幸彦』の物語を追ってみたいと思います。

天照大神の孫ニニキネは、富士山麓の蓬莱（ハラ）浅間（アサマ）宮を都としていました。けれども思うところがあって、琵琶湖周辺の瑞穂（ミツホ）宮に遷都したといいます。ホツマツタヱでは、琵琶湖のことを「淡海（アワウミ）」といいます。「アワ」とは「天地」のことでもあり、ここを地上の中心地としていたようです。原初の天神（アマカミ）も、琵琶湖周辺に暮らしていたといいますから、ニニキネが琵琶湖に遷都したのも古代の神々に想いを馳せてのことでしょう。

このときニニキネは、御子である3つ子の兄弟にも宮を与えました。長男にはこれまでニニキネが暮らしていた富士山の麓にある蓬莱浅間宮、次男の海幸彦には琵琶湖西岸にある鵜川宮（ウカワ）、三男の山幸彦には琵琶湖南岸にある大津篠宮（オオツシノ）をそれぞれ与えたといいます。

海幸彦の鵜川宮は、滋賀県高島市にある白髭神社（しらひげ）といわれます。ですから、海幸彦が漁を楽しんだ海とは、「琵琶湖」のことをいうようです。

山幸彦の大津篠宮は、滋賀県大津市の天孫神社（てんそん）といわれます。別名を四宮神社（しのみや）ともいうようです。ですから、山幸彦が狩を楽しんだ山とは「比叡山」のことといわれます。

ニニキネの瑞穂宮は、滋賀県近江八幡市にある賀茂神社といわれます。また琵琶湖大橋の東には水保町（みずほ）という地名も残っています。

長男の蓬莱浅間宮は、静岡県富士宮市の浅間大社や、山梨県甲府市の酒折宮（さかおりのみや）といわれますが、これも諸説ありよくわかりません。

海幸彦と山幸彦は仲が悪く「小競合い（イササワケ）」ばかりしていたそうです。そこでニニキネは、海幸彦と山幸彦を北津（キタノツ）の宮に住まわせたといいます。北津の宮は、福井県敦賀市の氣比（けひ）神宮です。ご祭神として伊奢沙別命（いざさわけ）が祀られています。山幸彦はここで、海幸彦から借りた鉤（はり）を失くしてしまったようです。

山幸彦が途方に暮れて歩いていた浜は、滋賀県長浜市の塩津浜でしょうか。山幸彦を船に乗せた老翁とは、かつて朝廷で活躍した大臣の塩土翁(シホツチ)でした。塩津浜には塩土翁を祀る塩津(しおつ)神社があります。ここから琵琶湖を南下して、瀬田川、宇治川(巨椋池)、淀川をたどり、大阪湾(河内湾)に出たのでしょう。そこからは瀬戸内海を抜けていったと考えられます。たどり着いた先は、筑紫(九州)の鵜戸です。宮崎県日南市の鵜戸(うど)神宮といわれます。

記紀では、船がたどり着いたのは海神(わたつみ)の宮とされています。海神(龍神)が暮らす宮といわれ、海の中にある竜宮城ともいわれます。このあたりは浦嶋太郎の童話にも通じています。ホツマツタヱでは、「海神(わたつみ)」ではなく「ハテツミ」が暮らしていた宮とされています。ハテツミは九州南部の統治者であり、海洋航海や造船を担う船の一族でした。山幸彦がこの地で鉤を見つけられたのも、ここが鉤の生産地だったからとも考えられます。また、塩土翁もハテツミと同じく船の一族ですから、ふたりは示し合わせていたようです。さらに山幸彦はここで、ハテツミの娘のトヨタマヒメを后としています。筑紫を治めていた船の一族は、この時代に朝廷との結びつきを強めたようです。

海幸彦の鉤を返しに戻ったのは、山幸彦ではなく、臣のシガというものでした。志賀(シガ)の国守といわれ、こちらもハテツミの親類にあたる船の一族です。鉤を返したところ、海幸彦は横柄な態度を取ったので、シガは満干珠（ミチヒノタマ）を使って懲らしめました。これは潮の干満を操る宝珠といわれます。海幸彦の鵜川宮があるのは「琵琶湖」ですから、琵琶湖の水位を操作したようですが、ここにも船の一族の協力があったのかもしれません。琵琶湖西岸には、「志賀」「和邇」「小野」など船の一族の名が地名として残っています。また「志賀」といえば、滋賀（しが）県の由来にもなっています。

満干珠によって海幸彦は降参しました。このときに海幸彦は「弟の駒（コマ）（配下）となって、糧（カテ）（配給）を受けよう」といっています。この言い方をみれば、これがただの兄弟喧嘩ではなく、兄弟間の勢力争いだったと思えてきます。こうして弟の山幸彦のほうが、ニニキネ朝廷の後継ぎとなったようです。

筑紫に残った山幸彦は、后トヨタマヒメと鹿児島宮（カゴシマ）で暮らしました。これは鹿児島県霧島市の鹿児島（かごしま）神宮といわれます。やがて山幸彦は、父ニニキネから政権を譲られることになり、琵琶湖の瑞穂宮に呼び戻されます。

そこで筑紫からまず、北津へ戻ったのですが后トヨタマヒメは妊娠しており、北津にて御子のウガヤフキアワセズを出産しました。福井県三方郡の宇波西（うわせ）神社には、産屋伝承とともにウガヤフキアワセズが祀られています。ところが山幸彦は、産後間もないトヨタマヒメの産屋を覗いてしまいました。あられもない姿を見られたトヨタマヒメは、これを恥として若狭の遠敷（ヲニフ）へ逃れてしまいます。福井県小浜市遠敷には若狭彦（わかさひこ）神社と若狭姫（わかさひめ）神社があり、山幸彦とトヨタマヒメが祀られています。

御子のウガヤフキアワセズは、このとき遠敷の地に置いて行かれたといいます。そのまま成人するまで遠敷で養育されたようです。ウガヤフキアワセズは諱（ヰミナ）を「カモヒト」ということから、福井県小浜市加茂にある加茂（かも）神社で育てられたのでしょう。

トヨタマヒメは遠敷から南下して、罔象女（ミツハメ）宮に隠れ住んだといいます。これは京都府京都市左京区の貴船（きふね）神社の奥宮だといわれます。山幸彦はこの宮にたびたび使いを送るのですが、トヨタマヒメは許してくれません。瑞穂宮で即位して政務に追われていた山幸彦は、みずから后を訪ねることができなかったようです。

そこで父ニニキネが、桂の葉と葵の葉をもってトヨタマヒメのもとへゆき、夫婦の道を説くとともに恥を濯ぎました。心を許したトヨタマヒメは、山をすこしばかり降りてきて静養したといいます。これが京都府京都市左京区の河合（かわい）神社の地といわれます。

ニニキネはこののち、筑紫の地へ渡って高千穂峰で最期を迎えました。トヨタマヒメは義父のニニキネを弔うために、別土山（わけつち）に祀ったといいます。これが京都府京都市北区の賀茂別雷神社（上賀茂神社）といわれます。

ニニキネの喪が明けると、トヨタマヒメは山幸彦と復縁しました。こうして父より受け継いだ瑞穂宮でふたりは仲睦まじく暮らしたといいます。

さてここからは、御子のウガヤフキアワセズの話となります。

山幸彦から政権を譲られることとなり、ウガヤフキアワセズは遠敷から瑞穂宮に呼ばれて即位しました。政権を譲った山幸彦とトヨタマヒメは、ふたたび大津篠宮へ戻って、晩年を過ごしたようです。

ウガヤフキアワセズは、イサナギ・イサナミゆかりの多賀宮を修復すると、ここを新たに都としました。これは滋賀県犬上郡の多賀大社のあたりといわれます。

トヨタマヒメが静養していた河合の地は、トヨタマヒメの弟が暮らしました。トヨタマヒメの弟が后を娶って産まれたのが、タマヨリヒメ（玉依姫）です。けれどもタマヨリヒメは父なし子を産んだので、森に隠れ住んでいたといいます。これは京都府京都市左京区の御蔭神社といわれています。

ウガヤフキアワセズは、タマヨリヒメの噂を聞きつけると、長男の乳母として朝廷に迎え、そのまま后とされました。こうして産まれたのがタケヒトです。このタケヒトがのちに初代・神武天皇となります。

ウガヤフキアワセズは筑紫（九州）の宮崎宮(ミヤサキ)への行幸のさいになくなったといいます。

これは宮崎県宮崎市の宮崎(みやざき)神宮といわれます。

つづいてタマヨリヒメもなくなると、河合の地で夫の御霊とともに祀られたといいます。

これが京都府京都市左京区の賀茂御祖(かもみおや)神社（下鴨(しもがも)神社）といわれます。

このようにホツマツタヱをたどると、神社と神話がつぎつぎと結びついてゆきます。

琵琶湖周辺の地図

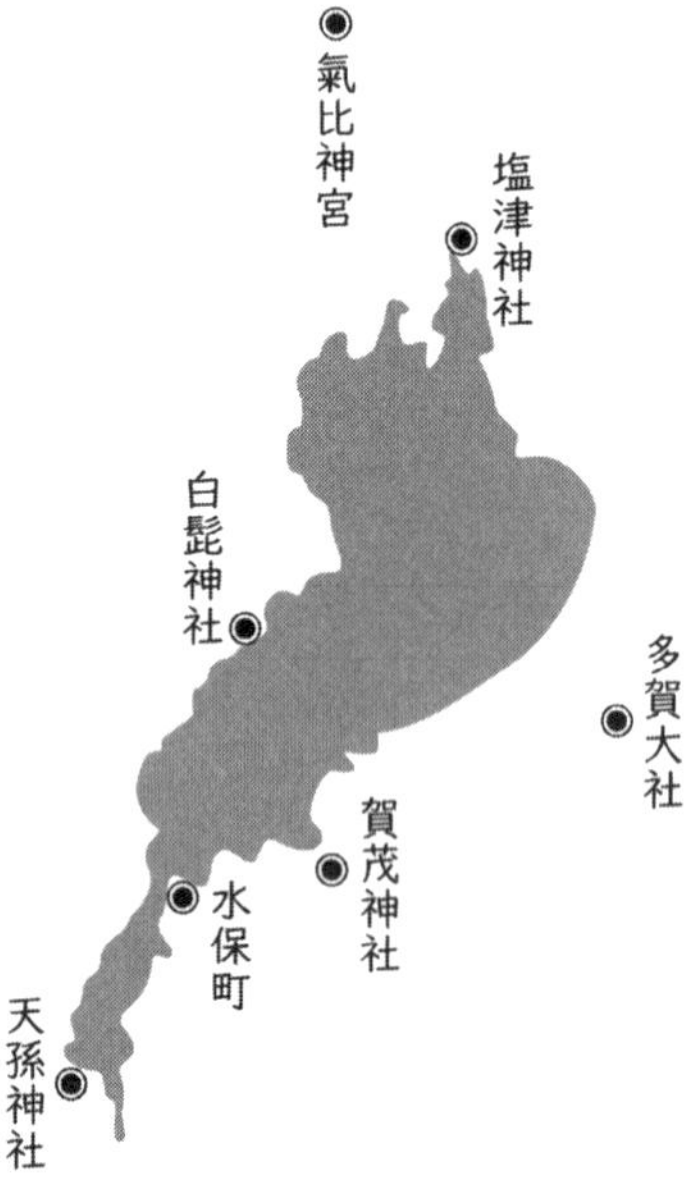

氣比神宮
塩津神社
白髭神社
多賀大社
賀茂神社
水保町
天孫神社

⑦『神武東征』～謎の神ニギハヤヒの正体～

『神武東征』以降を、記紀では「人代（ひとよ）」といいます。人代になると、記紀もホツマツタヱも内容がより似通ってきます。ここでの違いといえば「なぜ東征をおこなったか」というその理由です。

記紀では、⑤『天孫降臨』以降はずっと九州に留まっていたのですが、それが神武天皇の代になって、突然「東へ行こう」と思い立ちます。地上の中心は東にあり、そこを都にして全国を治めようと旅立ったのです。なんでも東には、天孫降臨のさいにニニギにつづいて飛び降りてきたニギハヤヒというものがいたらしく、これを討って新たな都にしたいというのでした。ですがこれでは、侵略的な遠征となってしまいます。

ホツマツタヱでは、天照大神の2人の孫がそれぞれ都をひらいて以降、二朝廷時代がつづいていました。二つの朝廷はともに協力して国を治めていたのですが、神武天皇の代で飛鳥の朝廷が荒れてしまいました。そこで飛鳥の朝廷を討ち、二つの朝廷を統一するため旅立ったのが『神武東征』です。ホツマツタヱからは、東へ向かう明確な理由と、遠征の大義名分があったことを読み取れます。

ではどちらに正統性があったのか、そこをすこし掘り下げてみたいと思います。

天照大神の2人の孫のうち、兄クシタマホノアカリは飛鳥（奈良盆地南部）に遷都して、西国を治めたといいます。弟ニニキネは、蓬莱浅間宮（富士山麓）や瑞穂宮（琵琶湖南東）を都として、東国を治めました。ところが兄クシタマホノアカリは世継ぎもないままになくなってしまいます。そこで弟ニニキネの長男の御子を、兄クシタマホノアカリの養子として、あらたにニギハヤヒという名を賜りました（P81の系図参照）。

天照大神の玄孫ウガヤフキアワセズは、多賀宮（琵琶湖東岸）を都としていたのですが、最期は筑紫でなくなります。そこで多賀宮は、ウガヤフキアワセズの長男が後を継ぐことになりました。けれどもまだ年若かったので、6代大物主のクシミカタマが後見人となり、政治そのものは蓬莱浅間宮にいた伯従父（親のいとこ）が代行していたようです。四男のタケヒトは、父ウガヤフキアワセズを弔うため筑紫へ向かうと、そのまま留まって筑紫を治めたといいます。

このとき飛鳥朝廷では、ニギハヤヒの臣のナガスネヒコが専制的な政治を執るようになっていました。そこで蓬莱浅間宮は制裁として、飛鳥への食料の輸出を止めてしまいます。すると飛鳥朝廷は報復として、淀川あたりの船舶の航行を止めてしまいました。流通が分断されたことで、多賀宮の6代大物主も激怒して、一触即発の状態となってしまいます。ウガヤフキアワセズの長男は戦乱を恐れて、筑紫のタケヒトのもとに逃れました。

そこで筑紫のタケヒトは、飛鳥朝廷をただすべく軍を率いて出航します。瀬戸内航路を抜けて河内湾から生駒山を越えて奈良盆地に入ろうとしたのですが、ナガスネヒコの反撃にあってしまいました。これにより、長男は手傷を負ってなくなってしまいます。さらに紀伊半島の沖を回り込むさいには、荒れた海を鎮めるために、次男と三男も海に身を投げてなくなりました。兄をすべて失った四男のタケヒトですが、さまざまな協力者もあらわれたことで、なんとか飛鳥朝廷の本陣までたどり着くと、ニギハヤヒを下して二朝廷の統一を果たしました。

飛鳥の朝廷も琵琶湖の朝廷もともに「天照大神」の血統であり、「天孫ニニキネ」の血統でもありますから、どちらにも正統性はあります。さらにいえばホツマツタヱでは「長男を世継ぎとする」のが基本ですから、飛鳥の朝廷のほうを本家と見ることができます。臣のナガスネヒコは、主君のニギハヤヒの正統性を推していたのであり、そのためにあえて汚れ仕事を担ったのかもしれません。ニギハヤヒの子を願うあまり御蓋（ミカサ）社に忍びこみ、天照大神が伝え残した「世継ぎ文」を盗み見るという禁忌までも冒していました。

ですが、不正をおこなえば人心は離れてゆきます。長男という正統性があったとしても、民に見離されてしまえば、兄に代わって弟が政治を執るようになるというのもホツマツタヱです。ホツマツタヱには多くの「教え」が伝えられていて、民を思う心が一番だと説かれていますから、民に見離されてしまえば、たとえ君主であっても代えられてしまいます。

ホツマツタヱではいわゆる地神五代のうち、天照大神の子オシホミミ、孫ニニキネ、曾孫ヒコホオデミ（山幸彦）が「弟」となっています。「兄」はみな、失脚したりなくなったりしています。そしてタケヒトこと神武天皇も「弟」です。

どうやらこの風潮は、2代天神のヱ・ヒ・タ・メ・ト・ホ・カ・ミまでさかのぼるようです。はじめは兄の「ヱ」が君主でしたが、のちに弟の「ト」が君主となります。この君主交代にどんな理由があったのかは、ホツマツタヱにも描かれていないのですが、「ヱ」から「ト」に政権が代わったという故事から、兄弟のことは「兄弟（ヱト）」というようになったそうです。

神武東征においても、敵地の領主となっている兄弟のうち、タケヒト軍に下ったのはみな「弟」でした。東征の後には、その領地を「弟」が治めるようになっています。

政権は「弟」が担うというのは、太古からくり返されてきたことのようです。

⑧『欠史八代』～記紀最大の謎「富士山」の秘話～

2代・綏靖天皇から、9代・開化天皇までは『欠史八代』といわれます。記紀での記述が少ないことから、実在性が薄いと考えられているそうです。ホツマツタヱにおいても、この代の記述はとても少なくなっています。ただし、記紀にはない話もいくつか描かれています。なかでも7代・孝霊天皇は「富士山」を命名したといいます。

富士山はそれまで「ハラミ山」といわれていました。日本一高い山であることから、天上世界である「天の原」にもっとも近く、山頂からは遠くまで広がる「地の原」を眺めることができるので、「原を見る山」から「ハラミ山」となったようです。またここでは、3種類の長命草が採れたらしく、この草をそれぞれ「ハ・ラ・ミ」と名づけたことから「蓬莱」の意味も込められました。また「ハラミ」という言葉に掛けて、イサナギ・イサナミはこの山で子を願ったところ、天照大神を孕むことができたといいます。そこで「孕」の意味も込められました。

「ハラミ山」のほかにも、さまざまな別名もあったようです。

2代天神によって橘が植えられたことから「橘山」ともいわれます。また、日の神である天照大神が産まれたことから「大日山（オオヒヤマ）」ともいわれました。天照大神の孫のニニキネは、この山に8つの湖と1つの峰を築いたといいます。そこで8と1を合わせて「九山（コノヤマ）」とも呼んだようです。さらに、頂上にはいつも雪が積もっていたことから「豊居雪山（トヨキユキヤマ）」という名もありました。

ところが孝霊天皇の時代には、おおきく環境が変わっていたようです。火山活動により長命草も絶滅してしまったので「蓬莱（ハラミ）」と呼べなくなりました。8つあった湖も、溶岩や土砂により3つが埋まってしまったので「九山」とも呼べません。雪も溶けてしまったので「豊居雪山」ともいえません。また「橘山」や「大山」という名は、ハラミ山を遥拝する名として全国各地の山につけられていたので、固有名詞ではなくなっていました。

そこで孝霊天皇は、ハラミ山にあらたな名をつけようと思い立ちます。そんなとき近隣の住民から「藤の花」が献上されました。孝霊天皇はこれを天啓として「富士山（フジノヤマ）」と名づけました。噴火を鎮めるという「伏（フシ）」の願いとともに、日本の象徴としてひとびとの繁栄を願う思いが込められているようです。

記紀には、富士山についての記述がないといいます。これは記紀最大の謎ともいわれているのですが、ホツマツタヱにはこのように多くの記述が残されています。

⑨『神祀り』〜三輪山の神々の系譜とは〜

10代・崇神（すじん）天皇の時代には疫病が蔓延して、国民の半数がなくなったといいます。これは記紀にもホツマツタヱにも描かれている、国家の一大事です。崇神天皇は『神祀り』をおこなうことで、疫病を鎮めたといいます。これによって奈良県の大神（おおみわ）神社や大和（おおやまと）神社の祭祀がはじまりました。またこれが三重県の伊勢神宮の創建にも繋がってゆきます。

記紀では、疫病は突然に起こったものとされています。ところがホツマツタヱでは、疫病は因果によって引き起こされたものとされています。9代・開化（かいか）天皇が禁忌を冒したために発生したというのです。

開化天皇の皇后となったのは、父帝の妃でした。開化天皇の実母ではないのですが、義理の母を皇后としたのです。ホツマツタヱでは、近親婚は禁忌とされています。開化天皇としては、実母ではないから問題ないという考えだったようですが、皇后は父帝との間にも子をもうけていましたから、これが近親婚にあたるとして、忠臣のオミケヌシは厳しく諫めました。けれども開化天皇は聞き入れなかったので、激怒したオミケヌシは、朝廷を去ってしまいました。

オミケヌシは、ソサノヲ・オホナムチ・クシヒコの子孫であり、国防に身を捧げてきた大物主の一族でした。この存在を失えば、国家の守護に大穴を開けることになるのですが、開化天皇はそれでも父帝の妃と結ばれました。

開化天皇と義理の母との間に産まれたのが、10代・崇神天皇です。崇神天皇は、みずからが禁忌の子であることに悩んでいました。そこで三種の神器のうち、「鏡」と「剣」を皇居の外で祀るようにしました。神器にまで穢れが及ぶことを恐れたのです。

このとき三輪山の大物主神が神がかって、オオタタネコに祭祀を任せるよう告げたといいます。ここでいう大物主神とは、三輪山に眠ったという2代大物主のクシヒコのことです。またオオタタネコというのは、朝廷を去ったオミケヌシの子孫でした。そこで崇神天皇はオオタタネコを見つけ出すと、祖先にあたる大物主神の祭祀を任せました。こうしてふたたび国家守護の大穴をふさいで、疫病から国を守ることができたようです。

記紀における近親婚は、同じ母から産まれた兄妹（姉弟）では禁じられていたようですが、異なる母から産まれた兄妹（姉弟）では禁じられていないといいます。ですから、開化天皇が父帝の妃を皇后としたことも、禁忌となってはいません。

ホツマツタヱで近親婚が厳しく取り締まられているのは、かつてこれが官僚の腐敗やハタレの動乱に繋がったという歴史があり、国が乱れる原因になると考えられていたからです。大乱の芽をつむという重要な意味があるのでした。

しかし記紀では、異母兄妹（姉弟）なら許されるというように、近親婚への取り締まりが緩和されています。記紀が編纂された当時には、異母兄妹（姉弟）による婚姻がくり返されていたようですから、ここもまた社会情勢によって歴史が書き換えられた部分なのかもしれません。

崇神天皇の時代には、三種の神器うち「鏡」も皇居の外で祀るようになりました。天照大神の御霊が宿る「鏡」といわれていて、崇神天皇の皇女トヨスキヒメが祭祀を担っていました。やがて11代・垂仁天皇の皇女であるヤマトヒメが後を継ぐと、天照大神の御霊が告げるままに方々を巡ります。最後にたどり着いたのが伊勢の地です。ここから神宮の祭祀がはじまってゆきます。

日本書紀では、天照大神の御霊が「ここに居たい」と告げたので、伊勢に祀ることになりました。ホツマツタヱで伊勢といえば、天照大神が生前に暮らしていた聖地です。伊勢という言葉も、天照大神と后セオリツヒメの睦まじい夫婦関係をあらわしています。

天照大神の御霊は、「鏡」とともに伊勢に帰ってきたというわけです。

⑩『日本武尊』～ヤマトタケとソサノオの因果～

12代・景行天皇の皇子は、一般的には「ヤマトタケル」といわれます。ですがホツマツタヱでは「ヤマトタケ」であり、「ル」はありません。やや違和感があるかもしれませんが、むしろこの読みのほうが正しいらしく、古事記の表記である「倭建」も、日本書紀の表記である「日本武」も、本来は「やまとたけ」と読むようです。

記紀では、ヤマトタケルとスサノオの事跡はとてもよく似ています。スサノオは八岐大蛇を倒すさい、美しい櫛を髪に挿して待ち、酒に酔ったところを討ち取りました。ヤマトタケルは熊襲を倒すさい、女装して忍び込み、酒に酔ったところを討ち取りました。どちらも猛々しい存在といわれ、力によって国を治めます。けれども繊細な部分もあるようで、ともに歌の名手としても知られています。

ホツマツタヱには、ほかにも類似点があります。本名をみるとソサノヲは「ハナキネ」であり、ヤマトタケは「ハナヒコ」です。ソサノヲはイフキドヌシに救われて朝廷にも復帰するのですが、ヤマトタケはイフキカミから手傷を受けてしまい朝廷に帰り着かないままなくなってしまいます。ソサノヲは「氷川神」として称えられ、ヤマトタケは「熱田神」として祀られました。これも「氷」と「熱」の対比になっています。どうしてこんなに似ているのかといえば、ヤマトタケはソサノヲが転生した存在だったからのようです。

ホツマツタヱには、「転生」という概念があります。

例えば豊受大神も、初代天神クニトコタチの転生だったといいます。

豊受大神といえば、天照大神の祖父にあたるかたです。国家の危機を何度も救い、法や制度を整えてこの国の礎を築きあげました。天照大神には帝王教育を施し、天照大神の治世にも多大な影響を与えました。これらのことを成し遂げられたのも、原初の存在の御霊を宿していたからだといいます。古代よりつづく叡智を、天界からそのまま降ろしてきた存在だからこそ、豊受大神はあらゆることに通じていたというのです。このように豊受大神は転生をすることで、たくさんの「教え」を伝えることができました。

ソサノヲが転生を望んだのは、天孫ニニキネの活躍を知ったからだといいます。ニニキネのように、もう一度、世のため人のために尽くしたいという願いから、ヤマトタケとして産まれてきたのだそうです。そしてこの願いは、西国と東国を平定することで叶えられたといいます。転生した存在だったから、ヤマトタケとソサノヲの事跡は似ていたということのようです。

ホツマツタヱの後編の編纂者であるオオタタネコもソサノヲの子孫ですから、ソサノヲが転生したヤマトタケの姿を書き残すことには、なみなみならぬ思い入れがあったことでしょう。こうして完成した『ホツマツタヱ』の全編を、ヤマトタケの父である景行天皇もきっとじっくり読んだはずです。

日本書紀によれば、景行天皇は晩年になって琵琶湖南西に都を遷したといいます。初代・神武天皇以降、都はずっと大和国（奈良盆地）にあったのですが、景行天皇の代ではじめて大和国の外へ遷都したようです。これは大きな変化といえるでしょう。

ホツマツタヱで琵琶湖周辺といえば、原初の天神が暮らした地であり、ワカヒメとソサノヲが誓約を交わした地であり、天孫ニニキネが都をひらいた地です。史書編纂事業をおえた景行天皇は、琵琶湖周辺こそがこの国の中心地だと思い直して、大和国から遷都をおこなったのかもしれません。

景行天皇が晩年を迎えたのは、滋賀県大津市穴太にある高穴穂神社のあたりといわれています。比叡山の東麓であり、日吉大社にもほど近い神社です。対岸には近江富士こと三上山もよくみえます。晴れていれば北東には伊吹山もみえるでしょう。景行天皇はこの地で、ヤマトタケをはじめホツマツタヱの神々に思いを馳せていたのでしょうか。

第4章

ホツマツタヱと神社

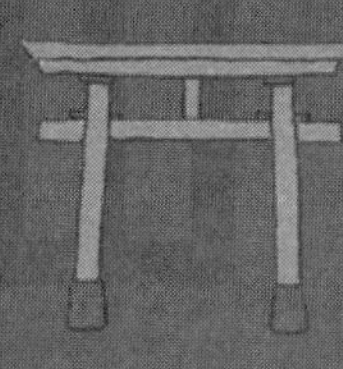

謎の御祭神がホツマツタヱで読み解ける

ホツマツタヱでは「神」は「人」であり、ずっと地上で暮らしていたとされています。ですから日本各地には、生まれた地があり、暮らした宮があり、なくなった墓所がありま す。神々のゆかりの地は、いまでも「神社」として残っています。こうした神社を実際に巡ることも、ホツマツタヱの楽しみ方のひとつです。

神社のご由緒というのは、基本的に古事記・日本書紀をもとに書かれています。けれどもご祭神のほうは、土地の伝承とともに受け継がれているらしく、記紀には載っていない神名で祀られていることもあり、とてもわかりにくくなっています。

こうした「謎のご祭神」は、ホツマツタヱから読み解くことができます。神社やご祭神がその地に祀られるようになった経緯など、ほかの文献にはない記述がはっきり残されているので、とてもわかりやすくなります。

ここでは全国各地の神社をご紹介しながら、ホツマツタヱからわかるご祭神や由緒をたどってゆきます。冒頭のご祭神名のあとにカッコで書かれているのがホツマツタヱでわかるご祭神です。

皇大神宮【伊勢神宮　内宮】

所在地　三重県伊勢市宇治館町1
ご祭神　天照大御神【天照大神】

伊勢神宮とは、内宮や外宮など125社の総称です。正式には「神宮」とだけいいます。全国の神社をたばねる神社本庁の、本宗（総親神）とされています。

伊勢神宮の中心である内宮は、正式には「皇大神宮」といいます。ご祭神は、皇室の祖神であり、国民の総氏神ともいわれる天照大御神です。またご神体は、三種の神器のひとつであり、天照大御神の御霊が宿るといわれている「八咫鏡」です。11代・垂仁天皇の皇女である倭姫命は、天照大御神の御霊の告げるままこの地にたどり着き、社を築いて「八咫鏡」を祀りました。これが伊勢神宮の創建となります。

ホツマツタヱでは、男神の天照大神が晩年を過ごした「内宮」の跡地とされています。天照大神がなくなると、サルタヒコがこの地を守っていたようです。境内別宮の荒祭宮は、天照大御神の荒御魂を祀るとされていますが、これは天照大神の后であるセオリツヒメの社といえます。伊勢では、夫婦ともども祀られているようです。

豊受大神宮【伊勢神宮　外宮】

所在地　三重県伊勢市豊川町279
ご祭神　豊受大御神【豊受大神】

伊勢神宮の外宮は、正式には「豊受大神宮」といいます。天照大御神の食事を司るといわれている豊受大御神を祀っています。21代・雄略天皇の世に、丹波国から御霊を遷したのが創建とされています。

ホツマツタヱでは、豊受大神とは天照大神の祖父です。娘のイサナミと分家のイサナギを結んで7代天神に即位させ、産まれてきた天照大神には帝王教育を施しました。大嘗祭や年中行事を定めたかたでもあります。天照大神は豊受大神をとても慕っていたので、なくなるさいには豊受大神と同じ墓所に眠ることを願いました。ヤマトヒメによって鏡が伊勢に祀られるようになると、天照大神の御霊は豊受大神の御霊とともに祀られることを願いました。ですから11代・垂仁天皇の世にはすでに、外宮の祭祀もはじまっていたようです。境内禁則地の上御井神社は、天照大神の子オシホミミの生誕地といわれ、産湯の井戸「オシホヰ」を祀っています。ここもまた天照大神ゆかりの聖地といえます。

伊雑宮

所在地　三重県志摩市磯部町上之郷374
ご祭神　天照大御神御魂【天照大神】

志摩半島の的矢湾の奥部にある神社です。伊勢内宮の別宮であり、天照大神の遙宮ともいわれます。伊勢神宮に奉納する神饌を採るための御贄地とされていました。毎年6月におこなわれる「磯部の御神田」は日本三大御田植祭のひとつとされています。虫よけを祈願して巨大な団扇をとり合ったり、さわ餅を振舞ったりするといいます。

ホツマツタヱでは、天照大神が全盛期を過ごした「伊雑宮」の跡地とされています。天照大神の時代の都であり、国の中心地となっていました。伊勢では「暦」の管理もおこなわれていたようです。真榊（鈴木）という暦の木を植えて日を数えたほか、天体観測によって暦を定めていたことから「日読宮」ともいわれました。天照大神はたびたびこの地で講話をおこない、ひとびとが豊かに生きられるような「教え」を伝えていたようです。

「伊雑宮」の候補地はほかにも、伊勢市にある磯神社や、伊勢外宮などなど諸説あります。三重県鳥羽市の加布良古崎には、伊射波神社もあります。

酒折宮（さかおりのみや）

所在地　山梨県甲府市酒折3-1-13
ご祭神　日本武尊（やまとたけるのみこと）【天照大神・ヤマトタケ】

甲府盆地にある神社です。日本武尊が東征の帰りに築いた宮跡といわれ、日本武尊の「火打ち袋」を祀っています。ここで火焚きの従者と歌を交したことから、連歌発祥の地ともいわれています。

ホツマツタヱでは、天照大神が誕生した「酒折宮（サカオリノミヤ）」の痕跡といえます。天照大神が即位して都をひらいた宮でもあります。ただし当時は、富士山の南麓にあったようです。ほかにも蓬莱宮（ハラミノミヤ）、安国宮（ヤスクニミヤ）、浅間宮（アサマミヤ）、駿河宮（スルガミヤ）などさまざまな名称があり、もともとは浅間大社のあたりにあったと考えられています。これがのちに富士山の火山活動の影響によって、一時的に甲府盆地へと遷座したのでしょう。やがて火山活動も落ち着き、ふたたび南麓にもどった後も、甲府盆地には酒折宮の旧称で残されたようです。ヤマトタケが東征の帰りに立ち寄ったのは、甲府盆地の酒折宮です。ここで火焚きの従者と「十九音歌（ツヅウタ）」を交わしたのですが、これに「連歌（ツヅウタ）」の字を当てて「連歌（れんが）」となったようです。

鳥海山大物忌神社

所在地　山形県飽海郡遊佐町吹浦
ご祭神　大物忌大神【豊受大神】

庄内平野の北、鳥海山にある出羽国一宮の神社です。ご神体は鳥海山であり、山頂には御本社、麓には里宮が2社あります。ご祭神の大物忌大神は、記紀に登場しない謎の神なのですが、伊勢外宮の豊受大神と同神といわれています。穢れを清める神、国家を守護する神として祀られています。

ホツマツタヱでは、豊受大神が禊をおこなった地とされています。6代天神が世継ぎもなく途絶えてしまったので、豊受大神は娘のイサナミと分家のイサナギを結びつけて7代天神に即位させました。しかしこちらも世継ぎに恵まれなかったので、豊受大神はツキカツラギノイトリ山に世継ぎの社を築いて、八千回の禊をおこなったといいます。するとようやくイサナギとイサナミは天照大神を授かることができました。禊をおこなったイトリ山が、鳥海山といわれています。禊をする豊受大神の姿がのちに大物忌と称えられたのでしょう。

禊の山はほかに、庄内平野の南にある月山や湯殿山ともいわれるようです。

眞名井神社（まないじんじゃ）【籠神社 奥宮】

所在地　京都府宮津市中野905

ご祭神　豊受大神【豊受大神・天照大神】

日本三景のひとつ「天橋立」の北にある神社です。丹後国一宮の籠神社の奥宮とされています。磐座（神が宿るとされる岩）を祀るという、古代祭祀の形態が残されています。伊勢神宮に祀られている天照大神や豊受大神の御霊は、この地から遷されたともいわれ、「元伊勢」のひとつでもあるようです。

ホツマツタヱでは、豊受大神や天照大神の墓所とされています。豊受大神は晩年になると「宮津宮」に務めて、山陰地方を治めました。そしてそのまま、この地でなくなります。豊受大神の墓所には「朝日宮」が築かれて「朝日神」として祀られました。天照大神はしばらく宮津にとどまって、豊受大神を弔うとともに山陰地方の平定に尽力したといいます。またのちに天照大神が伊勢でなくなったさいは、この地に運ばれて豊受大神とともに眠ったといいます。それほどまでに、豊受大神を慕っていたようです。おふたりの墓所の候補地は、ほかにも比沼麻奈為神社や、福知山市の元伊勢などがあるようです。

筑波山神社

所在地　茨城県つくば市筑波1-1
ご祭神　筑波男大神・筑波女大神【イサナギ・イサナミ】

関東平野の北東にある筑波山をご神体とする神社です。西の男体山には、筑波男大神こと伊弉諾尊を祀る本殿があり、東の女体山には、筑波女大神こと伊弉冉尊を祀る本殿があります。南麓の中腹には、筑波山を遥拝するための拝殿があり、拝殿より上はすべて神社の境内地だそうです。

ホツマツタヱでは、イサナギ・イサナミが7代天神に即位した「伊佐宮」の跡地とされています。伊佐川のちかくにあったことから「伊佐宮」といわれたようです。筑波山の西を流れる桜川はかつて「伊佐々川」といわれていたようですから、もとは桜川沿いにあったのかもしれません。筑波というのは、イサナギ・イサナミの第一子・ヒルコが産まれた地でもあります。のちにヒルコは和歌を大成させてワカヒメと称えられます。筑波山の北麓には歌姫明神が祀られていて、ヒルコ生誕の旧跡地と考えられています。ちかくには、「伊佐々」の地名も残るようです。

伊弉諾神宮

所在地　兵庫県淡路市多賀740
ご祭神　伊弉諾尊・伊弉冉尊【イサナギ・イサナミ】

淡路島の中央部にある、淡路国一宮の神社です。天照大神の父である伊弉諾尊がなくなった宮跡として「幽宮」ともいわれます。日本書紀にも「伊弉諾尊は淡路国に幽宮を構えて隠れた」とあり、神代に由緒をもつ神社だといいます。

ホツマツタヱでも、イサナギがなくなった「淡路宮」の跡地とされています。淡路島といえば、第二子ヒヨルコをなくした地です。父イサナギの汚穢（厄）が降りたといわれ、これを「吾恥」といったのがのちに「淡路」という地名になりました。境内には岩楠神社があり蛭子命が祀られていますが、これも長女ヒルコではなく、次女ヒヨルコのことでしょう。淡路島の北端にも岩樟神社があり蛭子命が祀られています。こちらも次女ヒヨルコを船で流した地か、もしくはヒヨルコの墓所と考えられます。イサナギは全国を巡って国を治めた後、晩年にはふたたび淡路に帰ってきて、淡路宮でなくなりました。最期はここでひとり、吾恥を濯いでいたのかもしれません。

多賀大社

所在地　滋賀県犬上郡多賀町多賀604
ご祭神　伊邪那岐大神・伊邪那美大神【イサナギ・イサナミ】

琵琶湖の東にある神社です。天照大神の父母を祀ることから「伊勢に参らばお多賀に参れ　お伊勢お多賀の子でござる」と謳われました。古事記にも「伊邪那岐大神は淡海の多賀に坐す」とあり、神代に由緒をもつ神社だといいます。

ホツマツタヱでは、イサナギ・イサナミがともに暮らした宮の跡地とされています。また淡路島でなくなったイサナギの御霊は、この地に留まり「多賀神」として祀られたといいます。そこで「多賀宮」といわれるようになりました。「タガ」とは「闇を治す」という意味であり、妻イサナミの御霊を救済するという意味もあったようです。

天照大神の御子オシホミミは、この地でイサナギに養育されていました。そしてのちには、多賀を都としています。多賀大社の南にある胡宮神社は、オシホミミの宮跡と考えられます。天照大神の玄孫ウガヤフキアワセズも、多賀宮を再建してふたたび都としています。天照大神の子孫にとってとても重要な地といえるようです。

小戸大神宮

所在地　福岡県福岡市西区小戸2-6
祭神　天照皇大神【ツキヨミ】

博多湾に面した小戸公園にある神社です。黄泉の国から帰ってきたイザナギが禊祓いをおこなった「小戸の橘の檍原」の伝承地だといいます。記紀ではこのとき、イザナギが左目を洗うと天照大神が生まれ、右目を洗うとツクヨミ（月読尊）が生まれ、鼻を洗うとスサノオ（素戔嗚尊）が生まれたといいます。

ホツマツタヱでは、天照大神の弟・ツキヨミの生誕地とされています。イサナギ・イサナミの行宮である「小戸橘檍宮」の跡地でもあります。『国生み』のさいにはここを、筑紫（九州）を治める拠点としていました。この宮への滞在中に、第四子のツキヨミが産まれました。ですから本来のご祭神は、ツキヨミなのでしょう。イサナミがなくなったのち、イサナギはふたたび筑紫を訪れると「小戸橘檍宮」で禊をおこない、住吉三神をはじめ、筑紫を守護するさまざまな「守」を任命していったようです。博多駅の西側には、筑前国一宮の住吉神社があり、住吉三神が生まれた地とされています。

花の窟神社

所在地　三重県熊野市有馬町130
ご祭神　伊弉冊尊・軻遇突智尊【イサナミ・カグツチ】

紀伊半島の東側、七里御浜の北にある神社です。天照大神の母である伊弉冉尊の墓所とされています。ご神体は高さ45メートルの巨大な岩壁です。伊弉冉尊がなくなるきっかけとなった、火の神の軻遇突智尊も祀られています。1キロほど西にある産田神社は、軻遇突智が生まれて伊弉冉尊がなくなった地といわれています。

ホツマツタヱでも、イサナミの墓所とされています。イサナミは山焼きによって農地を広げようとしていたところ、ふいに火の手がまわってなくなったようです。紀伊半島といえば、イサナギとイサナミの第五子ソサノヲが産まれた地です。ソサノヲは荒れた性格であり、ひとびとの食料を欠くなど多大な迷惑をかけていたといいます。けれども息子には母の「隈（厄）」が降りるといわれていて、ソサノヲが荒れたのも母イサナミの隈のせいとされていました。そこでイサナミは償いとして、農地を広げようとしていたようです。イサナミはなくなると「熊野神」として祀られたといいます。

熊野本宮大社

所在地　和歌山県田辺市本宮町本宮1110

ご祭神　家都美御子大神【ソサノヲ】

紀伊半島の中央部にある、全国の熊野神社の総本宮です。熊野速玉大社・熊野那智大社と合わせて、熊野三山ともいいます。ご祭神の家都美御子大神とは、スサノオのことともいわれています。旧鎮座地は600メートル南にある「大斎原」であり、熊野川に浮かぶ中洲となっています。

ホツマツタヱでは、母イナサミが第五子ソサノヲを育てた「熊野宮」の跡地とされています。母イサナミの隈（厄）が降りて荒れてしまったソサノヲを、人里離れたこの地で守り育てていたようです。なくなったイサナミを追いかけて、神往をおこなったイサナギでしたが、黄泉平坂での別れの言葉を交わして帰ってくると、本宮の音無川で禊をおこないました。ですから禊の地は、大斎原なのでしょう。熊野信仰では、さまざまな神名でイサナギとイサナミとソサノヲが祀られていますが、これらはソサノヲの出生に由来するようです。熊野宮の候補地はほかにも、玉置神社や神倉神社など諸説あるようです。

廣田神社

所在地　兵庫県西宮市大社町7－7
ご祭神　天照大御神之荒御魂（撞賢木厳之御魂天疎向津媛命）【セオリツヒメ】

六甲山の東にあり、甲山を遥拝する神社です。伊勢内宮の荒祭宮と同じご祭神であり、別名を撞賢木厳之御魂天疎向津媛命というそうです。略して向津媛命です。かつては六甲山全域が廣田神社の社領だったといいます。いまでも山頂ちかくには、末社の六甲山神社が祀られています。六甲山という名も「向津媛の峰」が転じて、向津の峰、向山、武庫山、六甲山、六甲山になったといいます。

ホツマツタヱで向津媛といえば、天照大神の正后セオリツヒメ（瀬織津姫）のことです。天照大神と向かい合うことを許された存在ということでムカツヒメ（向津媛）と称えられました。おふたりは伊勢で睦まじく暮らしていたのですが、天照大神はなくなるさいに、后は廣田の地で「女の道」を守護するようにと遺言しました。そこでセオリツヒメは晩年を廣田神社のあたりで過ごしたようです。廣田神社の旧鎮座地は甲山の麓だったといいます。また六甲山の中央部にある六甲比命大善神社は、セオリツヒメの墓所といわれ巨大な磐座が祀られています。

西宮神社

所在地　兵庫県西宮市社家町1－17

ご祭神　蛭子大神【ワカヒメ】

全国のえびす神社の総本社です。もともとは廣田神社の摂社・浜南宮だったといいます。「浜」というように、当時はここが海辺だったようです。ご祭神の蛭子大神とは、イザナギとイザナミの第一子である蛭子命とされています。

ホツマツタヱでは、イサナギとイサナミの第一子ヒルコが養育された「西宮」の跡地とされています。イサナギとイサナミがともに厄年にあたることから、ヒルコに厄が降りないように一度離縁することとなり、忠臣のカナサキ（住吉大神）が養育しました。船に乗せて「捨てられ」たヒルコを、カナサキが廣田の地で「拾った」といいます。カナサキから英才教育を受けたヒルコは、のちにワカヒメ（稚日女尊）となり、「和歌」を大成させました。3キロ北西にある越木岩神社は、ヒルコ（ワカヒメ）の墓所といわれ巨大な磐座が祀られています。西宮神社よりご祭神を勧請（分霊を迎え祀ること）したといいますが、こちらでは「えびす」ではなく蛭子大神と呼ばれていますから、どちらもご祭神はワカヒメといえるでしょう。

玉津島神社

所在地　和歌山県和歌山市和歌浦中3-4-26
ご祭神　稚日女尊・息長足姫尊・衣通姫尊（玉津島明神）【ワカヒメ】

和歌浦の西に浮かぶ島山は、玉のようであったため玉津島といわれました。景観の美しさもあって、古くから歌に詠まれてきたといいます。玉津島明神はそんな玉津島に祀られている和歌の神です。3柱の神があてられていますが、主祭神は稚日女尊のようです。

ホツマツタヱでは、ワカヒメ（ヒルコ）が暮らした「玉津宮」の跡地とされています。ワカヒメは紀州に発生した虫害を、32音からなる祓い歌によって追い払いました。紀州のひとびとはお礼として玉津宮を築いて献上したので、ワカヒメはしばらくこの地で暮らしたようです。そんなある日、ワカヒメのもとに朝廷の勅使が尋ねてきました。ワカヒメはこの勅使に一目惚れをして、こんな歌を詠んだといいます。

「きしいこそ　つまおみきわに　ことのねの　とこにわきみお　まつそこいしき」

上から読んでも下から読んでも同じという回文の歌です。返歌することも断ることもできない歌であり、これによってワカヒメは勅使のオモイカネ（思兼神）と結ばれました。

ここはそんな出会いの宮でもあります。

志波彦(しわひこ)神社

所在地　宮城県塩竈市一森山1-1
ご祭神　志波彦大神(しわひこおおかみ)【オシホミミ】

日本三景のひとつ「松島(まつしま)」の南にある神社です。陸奥国一宮の鹽竈(しおがま)神社と、同じ境内で祀られています。志波彦大神は記紀にも登場しない謎の祭神ですが、この地では古くから厚く祀られていたようです。

ホツマツタヱでは、天照大神の子オシホミミが暮らした「壺若宮(ツボワカミヤ)」の跡地とされています。オシホミミはここを都として「多賀国府(タカノコフ)」をひらきました。東北地方には日高見国が広がっており、タカミムスビ（高皇産霊）の一族が治めていました。オシホミミはタカミムスビの本拠地である仙台平野を都として、7代タカミムスビの娘タクハタチチヒメを后としていますから、タカミムスビ家とは強い結びつきがあったようです。

鹽竈神社の西には、奈良時代の国府である多賀城址もあります。鹽竈神社から多賀城址にかけての丘陵が、オシホミミがひらいた「多賀国府」と考えられることから、ご祭神の志波彦大神とはオシホミミのことでしょう。「シワ」には「子種」や「末裔」という意味もあるようです。

箱根神社

所在地　神奈川県足柄下郡箱根町元箱根80-1
ご祭神　箱根大神【オシホミミ】

富士山の南東にある箱根山の、駒ヶ岳に祀られる神社です。箱根山最高峰の神山をご神体としています。駒ヶ岳の山頂には奥宮があり、芦ノ湖のほとりには里宮があります。箱根山は巨大なカルデラ火山ですから、古くから信仰の対象となっていたようです。

ホツマツタヱでは、天照大神の子オシホミミの墓所とされています。オシホミミには2人の御子がいて、はじめは兄のクシタマホノアカリが世継ぎとなり政権を担っていました。やがて弟のニニキネも天照大神の公認を得たことで、兄弟ともに政権を担うことになります。オシホミミは2人の御子に、兄弟で協力して民に尽くすようにと遺言すると、この地に眠って「箱根神(ハコネカミ)」と称えられました。そこには箱根山の噴火を鎮めて、交通の要衝である箱根峠を守護するという願いもあったようです。ですから箱根大神とは、オシホミミのことです。ニニキネは父のオシホミミを篤く弔ったといいます。そのためでしょうか、いまでは箱根大神といえば瓊瓊杵尊とされているようです。

片山神社

所在地　三重県亀山市関町坂下624

ご祭神　倭比売命（鈴鹿明神）【タクハタチヒメ】

三重県と滋賀県とをむすぶ鈴鹿峠にある神社です。東に並ぶ三子山をご神体としています。伊勢神宮へと向かう斎王（伊勢に仕える皇女）が、禊をおこなった地でもあるようです。交通の要衝であり、かつては関所としても栄えたといいます。

ホツマツタヱでは、オシホミミの后タクハタチチヒメの墓所とされています。夫のオシホミミがなくなった後は、天照大神に厚く仕えたようです。ですからいまでも、伊勢内宮では天照大神と同殿に祀られています。タクハタチチヒメは本名を「スズカ」といいました。これは「心が涼やかで暗いところがないこと」を意味しています。天照大神もそんなスズカを側に置くことで、心が健やかになったことでしょう。タクハタチチヒメはなくなると「鈴鹿神」と称えられて、この地に祀られました。鈴鹿山には鏡岩という磐座があるのですが、ここに眠っているのでしょう。夫は箱根峠、妻は鈴鹿峠にいて、たがいに東海道の難所を守っているともいいます。

熊野大社

所在地　島根県松江市八雲町熊野2451
ご祭神　伊邪那伎日真名子加夫呂伎熊野大神櫛御気野命【ソサノヲ】

島根半島の中海から意宇川をのぼった先にある神社です。出雲大社と同じく、出雲国一宮といわれます。ご祭神の櫛御気野命とは、スサノオのこととされています。かつての国府にもほどちかく、出雲国造が代々奉斎してきた宮でもあるといいます。火の発祥の神社といわれ「日本火出初之社」とも呼ばれるようです。意宇川の上流には上宮跡があり、意宇川の源流である天狗山には元宮跡があります。

ホツマツタヱでは、ソサノヲが后と暮らした「奇稲田宮」の跡地とされています。ソサノヲは八岐大蛇を討つと、生贄となっていたイナタヒメと結ばれました。さらにハタレの首謀者も討ち取ると、出雲を建国して、奇稲田宮を築きました。世継ぎ子のオホナムチもこの宮で産まれました。ですからご祭神の櫛御気野命とはソサノヲのことでしょう。熊野大神とは母イサナミのことです。境内でもイサナミが厚く祀られていることから、ソサノヲは出雲の地にも母イサナミの御霊を迎えたのでしょう。奇稲田宮の候補地は、ほかにも須我神社や八重垣神社など諸説あるようです。

出雲大社

所在地　島根県出雲市大社町杵築東195

ご祭神　大国主大神【オホナムチ】

島根半島の西端にある、出雲国一宮の神社です。『国譲り』の交換条件として建てられた、荘厳な宮の跡地とされています。かつては杵築大社といわれていたようです。ご祭神は別名を大穴持命といい、スサノオの子、もしくは6代孫とされています。

ホツマツタヱでは、ソサノヲの子オホナムチの宮跡とされています。天照大神の宮居に並ぶほど立派な宮を築いていたらしく、宮の名も同じく「内宮」としていたそうです。これにより朝廷への逆心を疑われてしまい、朝廷が武力をもって迫るという「カシマ断チ(国譲り)」がおこなわれました。皇軍は「杵築」の浜に着いたといいますから、のちに地名から宮の名を取ったのかもしれません。オホナムチは出雲から、津軽へと領地替えさせられます。朝廷からすれば出雲の地とは、反乱軍ハタレの本拠地ですから、逆賊が集まる地と考えられていたのでしょう。栄華を誇ったオホナムチは、ハタレの再来と見えたのかもしれません。

岩木山神社（いわきやま）

所在地　青森県弘前市百沢寺沢27
ご祭神　顕国魂神（うつしくにたまのかみ）【オホナムチ】

本州北端にある津軽平野の、岩木山（いわきさん）に祀られている神社です。ご祭神の顕国魂神は、出雲の大国主神の別名とされています。津軽国一宮であり、津軽の開拓神や、農産物や海産物の守護神とされています。ご神体は岩木山であり、山頂には奥宮、南東の麓には里宮があります。北麓にある巌鬼山神社は、里宮の旧鎮座地だといいます。

ホツマツタヱでは、津軽に領地替えされたオホナムチの「天日隅宮（アカルミヤ）」の跡地とされています。「国（くに）」を「遷（うつ）」されても開拓を成しとげたことから「顕国魂（ウツシクニタマ）」と称えられました。出雲だけでなく、津軽の発展にも貢献していたようです。またオホナムチは、津「軽」の統治者ということで「軽公（カルキミ）」ともいわれ、オシホミミの日高見朝廷にも参列していました。さらに「岩木山」という名も「居雪山（ヰユキヤマ）」からきているらしく、富士山の別名である「豊居雪山（トヨヰユキヤマ）」から取ったようです。岩木山はいまでも、津軽富士として親しまれているといいます。おそらくここは、オホナムチの墓所でもあるのでしょう。

大神神社

所在地　奈良県桜井市三輪1422
ご祭神　大物主大神【クシヒコ】

奈良盆地の南東にある、大和国一宮の神社です。ご神体の三輪山（三諸山）は、大物主大神が鎮まる山といわれ、神代より祭祀がつづくようです。そのため本殿はなく、拝殿からじかに三輪山を参拝するといいます。10代・崇神天皇の世に疫病が流行したさいには、ご祭神の子孫といわれる大田田根子に祭祀を担わせたところ、疫病はおさまったといいます。以来、国家の守護神として厚く祀られるようです。

ホツマツタヱでは、右大臣と国防大臣を合わせたような役職を「大物主」といいます。初代大物主は出雲のオホナムチです。2代目大物主は、子のクシヒコが継ぎました。のちにクシヒコは、三種の神器のうち「剣」を深く理解したので「大和大国御魂神」と称えられます。そこでみずから三諸山の洞に入ると、日本国家の守護神となりました。三輪山（三諸山）は、2代大物主クシヒコの墓所といえます。クシヒコの子孫であり、三輪山の祭祀を担ったオオタタネコは、ホツマツタヱ後編の編纂者となりました。

宇佐神宮

所在地　大分県宇佐市南宇佐2859
ご祭神　八幡大神・比売大神・神功皇后【タケコ・タキコ・タナコ】

全国で最も多いといわれる八幡宮（八幡神社）の総本社です。かつては伊勢神宮に次ぐ宗廟（皇祖を祀る廟）として、国政にも深く関わったようです。天照大神とスサノオの誓約で産まれた3人の姫が降臨した地といわれ、奥宮には3つの磐座が祀られています。また古墳時代には八幡大神が顕現したともいわれ、神仏習合はじまりの地といわれます。

ホツマツタヱでは、天照大神の3人の娘が暮らした「宇佐宮」の跡地とされています。天照大神の側室のうち姉モチコは長男を産み、妹ハヤコは長女・次女・三女を産んだのですが、どちらも正后にはなれず恨みを募らせていました。そこで天照大神の弟ソサノヲに近づいたのですが、これにも失敗してしまいます。3人の娘ともども左遷されたのが宇佐宮です。しかしモチコとハヤコは、娘をここに置いたまま反乱軍へと加わりました。

中央本殿に祀られる比売大神とは、3人娘のタケコ（田心姫）、タキコ（湍津姫）、タナコ（市杵嶋姫）のことであり、この地で養育されたようです。なかでもタナコは晩年に、この地でなくなったといいます。

霧島（きりしま）神宮

所在地　鹿児島県霧島市霧島田口2608-5

ご祭神　天饒石国饒石天津日高彦火瓊瓊杵尊（あめにぎしくににぎしあまつひたかひこほのににぎのみこと）【ニニキネ】

宮崎県と鹿児島県にまたがる霧島山（きりしまやま）の南麓にある神社です。霧島山とは火山群の総称ですが、なかでも天照大神の孫の瓊瓊杵尊が降臨したとされる、高千穂峰（たかちほのみね）を祀っています。いわゆる『天孫降臨』の聖地です。旧鎮座地は高千穂峰のちかくにあったようですが、噴火や火災によって焼失をくり返したため、現在地に遷座したといいます。

ホツマツタヱでは、天照大神の孫ニニキネの墓所とされています。この地で朝日を遥拝すれば、后コノハナサクヤヒメが暮らす富士山の方角を望むことになるので、日に向かう国ということで「日向国（ヒムカノクニ）」となりました。なくなるときも、后コノハナサクヤヒメと同じ日に合わせたといいます。父オシホミミが箱根山という火山群に眠ったように、ニニキネもまた霧島山という火山群に眠ることで、噴火を鎮めてひとびとの安寧を願ったのでしょう。一般的に瓊瓊杵尊の墓所といえば、鹿児島県薩摩川内市の可愛山陵（えのみささぎ）といわれますが、ほかにも宮崎県東臼杵郡の可愛岳、宮崎県西都市の男狭穂塚などがあるようです。

富士山本宮浅間大社（ふじさんほんぐうせんげん）

所在地　静岡県富士宮市宮町1-1
ご祭神　木花之佐久夜毘売命（このはなさくやひめのみこと）【コノハナサクヤヒメ】

全国の浅間神社の総本社であり、駿河国一宮の神社です。日本最高峰の富士山をご神体としています。8合目以上は浅間大社の社地であり、山頂には奥宮があります。ご祭神は木花之佐久夜毘売命であり、瓊瓊杵尊の后になられた女神です。けれどもなぜ、富士山に祀られているのかはよくわからないといいます。

ホツマツタヱでは、富士山はコノハナサクヤヒメの墓所とされています。富士山を管理する一族を「大山祇（オオヤマズミ）」といい、コノハナサクヤヒメは大山祇一族の娘でした。天孫ニニキネが富士山に8つの湖を築いたさいに出会ったようです。富士山の南麓といえば、天照大神が誕生した「蓬莱宮（ハラミノミヤ）」があったといいます。浅間大社はその旧跡地とも考えられます。大山祇一族は、富士山とともにこの宮を守っていたのでしょう。ですからここは、コノハナサクヤヒメの生誕地でもあるのかもしれません。大山祇一族の娘として、最期は富士山頂に眠ると「浅間神（アサマノカミ）」や「子安神（コヤスカミ）」と称えられました。

氣比神宮

所在地　福井県敦賀市曙町11-68

ご祭神　伊奢沙別命（笥飯大神）【ヒコホオデミ（山幸彦）】

敦賀湾の奥にある、越前国一宮の神社です。ご祭神は氣比神宮にのみ祀られる謎の神であり、境内の聖地「土公」に降臨したといいます。別名を笥飯大神や御食津大神といい、水産物や農産物など食事を司るといわれています。

ホツマツタヱでは、天照大神の曾孫である山幸彦の墓所とされています。ここは北津といわれる港であり、地方政庁が置かれていました。ニニキネはコノハナサクヤヒメとの間に3つ子をもうけたのですが、次男の海幸彦と三男の山幸彦は仲が悪かったといいます。そこで仲直りのきっかけとなるように、ともに北津の宮に住まわせました。しかし、ここで「仲違い」をしてしまいます。これが契機となって、山幸彦は船の一族との結びつきを強め、九州全土を治めるようになりました。山幸彦はなくなるとこの地に埋葬されて「笥飯神」と称えられました。「ケヰ」には弁当という意味のほかに、契機や縁結びという意味もあるようです。境内の土公は、山幸彦の墓と考えられます。

白髭神社

所在地　滋賀県高島市鵜川215
ご祭神　猿田彦命（白髭明神）【海幸彦】

琵琶湖に鳥居が浮かぶことから、近江の厳島ともいわれる神社です。ご祭神の猿田彦命は、天孫降臨のさいに道案内をした神といわれています。この地では白髭明神ともいわれ、延命長寿の神としても祀られています。

ホツマツタヱでは、海幸彦が暮らした「鵜川宮」の跡地とされています。もともとは父のニニキネが全国を巡ってかんがい事業をおこなったさい、サルタヒコがニニキネをもてなした仮宮だったようです。のちにニニキネは、この宮を次男に任せました。次男は琵琶湖（淡海）で釣りを楽しんだことから「海幸彦」といわれます。満干珠によって懲らしめられたのもこの宮です。海幸彦は産まれてすぐに病にかかったのですが、スセリという薬草で治すと、その後はとても長生きしました。スセリは別名を「白髭草」といい、これによって「白髭」の老人になるまで生きたことから、海幸彦はなくなると、小児の健康や長寿を守護する「白髭神」と称えられました。ここは海幸彦の墓所でもあるのでしょう。

天孫(てんそん)神社

所在地　滋賀県大津市京町3丁目3-36
ご祭神　彦火々出見命(ひこほほでみのみこと)【ヒコホオデミ（山幸彦）】

琵琶湖の南端にある神社です。湖国三大祭のひとつ「大津祭」は、天孫神社の祭礼であり、からくり人形を乗せた曳山（山車）が街を巡行するといいます。かつては琵琶湖のほとりにあり、四宮(しのみや)神社といわれていたようです。大津祭ももとは、四宮祭だったといいます。社名に「天孫」とありますが、ご祭神は天照大神の曾孫にあたります。

ホツマツタヱでは、山幸彦が暮らした「大津篠宮(オオツシノミヤ)」の跡地とされています。ニニキネは三男のヒコホオデミにこの宮を与えました。ヒコホオデミは、比叡山で山狩りを楽しんだことから「山幸彦」といわれます。兄の海幸彦と仲違いしてしまい、しばらくは九州に暮らしていました。やがてニニキネから政権を譲られると、ニニキネの瑞穂宮(ミズホミヤ)で政治を執っていたのですが、晩年にはふたたび大津篠宮に戻ってきて、この地で最期を迎えました。ここから氣比神宮の地に運ばれて埋葬されたようです。一般的に彦火々出見尊の墓所といえば、鹿児島県霧島市の高屋山上陵(たかやのやまのえのみささぎ)といわれます。ほかにも宮崎県宮崎市の高屋神社や、鹿児島県肝属郡の高屋神社などいくつか候補地があります。

若狭彦神社

所在地 （上社）福井県小浜市竜前28-7
（下社）福井県小浜市遠敷65-41
ご祭神 若狭彦神・若狭姫神【ヒコホオデミ（山幸彦）・トヨタマヒメ】

若狭湾より北川、遠敷川とさかのぼった先にある、若狭国一宮の神社です。上社は若狭彦神社といい、若狭彦神こと彦火火出見尊（山幸彦）を祀っています。下社は若狭姫神社といい、若狭姫神こと后の豊玉姫命を祀っています。奈良の東大寺二月堂との間では、毎年「お水送り」の神事がおこなわれているようです。

ホツマツタヱでは、山幸彦の后トヨタマヒメが逃れた地とされています。おふたりは九州で暮らしていたのですが、父ニニキネから政権を譲られることとなり、ふたたび琵琶湖へと戻ってきます。その途中、トヨタマヒメは北津にて御子のウガヤフキアワセズを出産します。この産屋を山幸彦は覗いてしまいました。恥をかかされた后は、御子ともども遠敷へ逃れてゆきます。さらに后はウガヤフキアワセズとも別れの言葉を交わすと、南へと下ってゆきました。捨て置かれた御子は遠敷の地で、幼少期を過ごしたようです。

宇波西神社

所在地　福井県三方上中郡若狭町気山129-5
ご祭神　彦波瀲武鸕鷀草葺不合尊【ウガヤフキアワセズ】

若狭の三方五湖のほとりに祀られている神社です。旧鎮座地は日向湖の北の海岸ちかくにあり、ご祭神出現の地といわれています。「日向」という地名から、九州の「日向」との関係も深いといわれるようです。かつては、北陸道唯一の大社だったといいます。若狭地方の海岸部には、出産を別の家でおこなうという「産小屋習俗」が残っていたらしく、昭和の時代まで多くの産小屋が築かれていたそうです。

ホツマツタヱでは、ウガヤフキアワセズが産まれた地とされています。山幸彦が后トヨタマヒメのために築いた産屋の地といえます。ウガヤフキアワセズの名から「うわせ」神社となったのでしょうか。一般的にこの神名は「うがやふきあえず」と読まれ「うわせ」とは省略できませんから、ホツマツタヱの呼称が密かに残されている神社なのかもしれません。産屋の候補地はほかにも、気比の松原や常宮神社や白城神社や御神島など諸説あるようです。いずれも海岸にあることから、産小屋習俗とも深い関係があるのでしょう。

貴船(きふね)神社

所在地　京都府京都市左京区鞍馬貴船町180
ご祭神　高龗神(たかおかみのかみ)・玉依姫命(たまよりひめのみこと)【ミツハメ・トヨタマヒメ】

全国の貴船神社の総本宮です。京都の北山の谷あいにあります。ご祭神は、水の神です。貴船山中腹の鏡岩に降臨したといわれています。また一説によれば、ご祭神は玉依姫命(たまよりひめのみこと)ともいわれ、大阪湾より川をさかのぼってこの地にたどり着いたともいうようです。乗っていた黄船を石で囲んだのが、奥宮にある御船形石(ふながたいわ)だといいます。

ホツマツタヱでは、山幸彦の后トヨタマヒメの墓所とされています。山幸彦から逃れたトヨタマヒメは、水の神を祀る「罔象女社(ミツハメノヤシロ)」に隠れ住みました。トヨタマヒメを説得するために、鹿児島から父のハテツミや妹が訪ねてきましたが、トヨタマヒメは譲りません。そこで山幸彦の父ニニキネが、葵と桂の葉をもって夫婦の道を諭しに向かうと、ようやくトヨタマヒメも心を開きました。いまでは葵はご神紋となり、桂はご神木となっています。トヨタマヒメは晩年、山幸彦とともに大津篠宮で暮らしました。そしてなくなるとこの地に埋葬されたようです。御船形石はトヨタマヒメの墓と考えられます。

賀茂御祖神社（下鴨神社）

所在地　京都府京都市左京区下鴨泉川町59
ご祭神　賀茂建角身命・玉依姫命【ウガヤフキアワセズ・タマヨリヒメ】

京都御所の北東、鴨川と高野川が合流する扇状地にある神社です。古代の山背国（京都盆地）を治めたという賀茂建角身命と、その娘の玉依姫命を祀っています。境内に広がる糺の森には、おなじく玉依姫命を祀る河合神社もあります。

ホツマツタヱでは、ウガヤフキアワセズの后タマヨリヒメの生誕地とされています。トヨタマヒメの弟タケスミ（賀茂建角身命）が、妻と暮らした河合館の跡地でもあります。タマヨリヒメを産んだタケスミ夫婦は河合神と称えられました。これが河合神社のはじまりです。のちにタマヨリヒメはウガヤフキアワセズといとこ同士で結ばれて、初代・神武天皇を産みます。けれども夫ウガヤフキアワセズに先立たれると、ふたたびこの地に戻ってきて、河合館で晩年を過ごしたようです。やがてタマヨリヒメもなくなると、ウガヤフキアワセズとともに夫婦神として祀られることになりました。ウガヤフキアワセズは本名をカモヒト、称え名を御祖神ということから、賀茂御祖神社の本当のご祭神は、ウガヤフキアワセズとタマヨリヒメといえるでしょう。

宮崎(みやざき)神宮

所在地　宮崎県宮崎市神宮2－4－1
ご祭神　神日本磐余彦尊(かむやまといわれびこのみこと)【ウガヤフキアワセズ・神武天皇】

「宮崎」という地名の由来になった神社です。神日本磐余彦尊こと、初代・神武天皇が、東征以前に暮らしていた地といわれ、神武天皇の父母である鸕鷀草葺不合尊(うがやふきあえずのみこと)と玉依姫命(たまよりひめのみこと)も合わせ祀られています。

ホツマツタヱでは、ウガヤフキアワセズがなくなった「宮崎宮(ミヤサキミヤ)」の跡地とされています。最期は宮崎山の洞にみずから入り「アカンタヒラ」という言葉を残して眠りました。これにより「吾平神(アヒラノカミ)」ともいわれました。宮崎山の場所は不明であり、「アカンタヒラ」の意味もよくわかっていません。ただ、一般的に鸕鷀草葺不合尊の墓所といえば、鹿児島県鹿屋市吾平町にある吾平山上陵(あひらのやまのえのみささぎ)といわれていて、ここに「吾平」と残るようです。ほかにも鵜戸神宮の西の山の陵をはじめ、墓所の候補地はいくつかあります。

ウガヤフキアワセズがなくなった後は、子のタケヒトが後を継いで九州の統治をおこないました。ですからここは、神武天皇が東征以前に暮らしていた宮でもあります。

橿原神宮

所在地　奈良県橿原市久米町934
ご祭神　神武天皇・媛蹈鞴五十鈴媛皇后【神武天皇・タタライススヒメ】

初代・神武天皇の宮跡にある神社です。大和三山のひとつ畝傍山の南麓にあります。北東の麓には神武天皇の陵もあります。初代天皇の宮跡ではあるものの、神社としての創建は明治23年であり、比較的新しい神社です。畝火山の山頂にはもともと畝火山口神社が祀られていましたが、橿原神宮創建のさいに西麓へと遷されたといいます。

ホツマツタヱでも同じく、初代・神武天皇の「橿原宮」の跡地とされています。神武東征によって、2つに分かれていた朝廷は統一されました。ニギハヤヒが率いていた飛鳥朝廷の宮跡は不明ですが、やはり飛鳥京のあたりでしょうか。その近くに新都を築いたのかもしれません。神武天皇は后としてタタライススヒメを迎えましたが、このかたは三輪山に眠るクシヒコの末裔でもあります。奈良盆地を都とするには、三輪山の大物主神ことクシヒコの助力も必要だったのでしょう。神武天皇以降は、12代天皇までずっと奈良盆地が都となっています。橿原宮の候補地はほかに、奈良県御所市柏原にある神武天皇社ともいわれるようです。

金刀比羅宮（ことひらぐう）

所在地　香川県仲多度郡琴平町892-1
ご祭神　大物主神（おおものぬしのかみ）【クシミカタマ】

全国の金比羅（琴平）神社の総本宮です。象頭山（ぞうずさん）（琴平山）の中腹に祀られています。大物主神の行宮跡ともいわれており、海上交通の守り神として信仰されています。もともと「琴平（ことひら）」神社であったものが、仏教の「金毘羅（クンビーラ）」と習合して「金毘羅大権現（こんぴらだいごんげん）」として祀られたようです。金毘羅大権現は、ガンジス川の鰐（わに）を神格化した存在だといわれます。

ホツマツタヱでは、四国にあった地方政庁の宮跡とされています。阿波宮（アワミヤ）、突宮（トツノミヤ）、気吹戸宮（イブキトミヤ）など、さまざまな名称があったようです。天照大神の弟ツキヨミや、ツキヨミの子のイフキドヌシがこの地から四国を治めていました。さらにその後は、大物主や事代主が行き来して朝廷との橋渡しをおこなっていました。金刀比羅宮が大物主神の行宮といわれるのもこのためでしょう。なかでも6代大物主のクシミカタマは、ホツマツタヱ前編を編纂すると阿波宮に納め置いたといいます。クシミカタマは本名（ヰミナ）をワニヒコといいますから、このかたが鰐の化身といわれる金毘羅大権現となったのでしょう。

氷川(ひかわ)神社

所在地　埼玉県さいたま市大宮区高鼻町1-407
ご祭神　須佐之男命(すさのおのみこと)【ソサノヲ・ヤマトタケ】

氷川神社の総本社であり、武蔵国一宮の神社です。かつてはここに見沼(みぬま)という広大な沼地があり、そのほとりに祀られたようです。日本武尊(やまとたけるのみこと)が東征のさいに祈願をした地でもあるといいます。スサノオを祀る氷川信仰発祥の地でもあるようです。

ホツマツタヱでは、ヤマトタケがソサノヲを祀った「大宮(オホミヤ)」の跡地とされています。ヤマトタケは東征の帰りに、相模でなくなった妻を形見で弔いました。形見による祭祀とは太古にソサノヲがはじめたものであり、ヤマトタケはこれをおこなったことで、みずからがソサノヲの転生であると悟ったそうです。そこでヤマトタケは北上してこの地に至ると、大宮を築いてソサノヲを祀りました。ソサノヲはかつて、斐伊川(ヒカワ)にいたハタレを討って領地を得たことから「氷川神(ヒカワカミ)」と称えられました。東国の平定を遂げたヤマトタケもこれにあやかって、ソサノヲを「氷川神」の名で祀ったようです。さらに、東征に用いた武器はすべて、秩父山に納めたといいます。

熱田（あつた）神宮

所在地 愛知県名古屋市熱田区神宮1丁目1－1
ご祭神 熱田大神（あつたのおおかみ）【ヤマトタケ】

三種の神器のひとつ草薙神剣（くさなぎのみつるぎ）をご神体とする神社です。ヤマトタケルが置いていった草薙剣を、后の宮簀媛命（みやすひめのみこと）が祀ったとされています。

ホツマツタヱでは、ヤマトタケの御霊を祀る「新蓬莱宮（ニイハラミヤ）」の跡地とされています。東征を終えて愛知のミヤヅヒメのもとまで帰ってきたヤマトタケは、富士山麓の蓬莱宮のような宮をこの地に築いて余生を過ごしたいと願いました。しかし伊吹山に荒ぶる神がいると聞いたヤマトタケは、草薙剣をミヤヅヒメのもとに預けたまま、討ち治めに向かいます。伊吹山の神に返り討ちにあったヤマトタケは、傷を負ったまま大和を目指したのですが、能褒野（ノホノ）の地で力尽きてしまいました。詠みあげた辞世の句から、ヤマトタケは「熱田神（アツタカミ）」と称えられました。これはソサノヲの「氷川神」とも対比になっています。父景行天皇は、ヤマトタケの願った「新蓬莱宮」を愛知に築かせると、ヤマトタケを弔う宮として剣を祀ったようです。

全国各地にあるホツマツタヱゆかりの神社仏閣

全国各地にはほかにもたくさんの名所や旧跡があります。ホツマツタヱをもとに旅をしていると、新たな発見や驚きが必ずあります。それもまたホツマツタヱの醍醐味です。

さらにいえば、神社だけでなく寺院にもたくさんの痕跡があります。日本では仏教が伝来して以降、神さまと仏さまがともに祀られる「神仏習合」の国となっていました。神社には「神宮寺」という寺が築かれ、寺院には「鎮守社」という社が築かれると、「権現」や「明神」など呼ばれて、神仏がともに祀られていたのです。明治時代に神仏分離の政策がとられるまで、これはおよそ千年以上つづいていました。

ですから寺院のなかにも、ホツマツタヱの痕跡を見つけることができます。例えば、大日如来というのは「天照大神が男神の姿」を残しているともいわれます。平安時代に密教をひろめた最澄も空海もともに、ホツマツタヱを読んでいたともいわれ、比叡山文庫にはいまでも、未発見のヲシテ文献が眠っていると考えられています。

このようにさまざまな観点から、たくさんの発見がなされてゆけば、ホツマツタヱやヲシテ文献の世界がさらに広がってゆくことでしょう。ぼくはそれを切に願っています。

第5章

ホツマツタヱでわかること

ホツマツタヱで読み解く「民間信仰」

ホツマツタヱからわかることは、神社のご祭神や由緒だけではありません。日本の伝統文化や民間信仰、言葉の語源までもひもとくことができます。ここからは、現代生活にもすっかり馴染んでいるホツマツタヱをみてゆきます。

例えば、台所に「火迺要慎」や「三宝荒神」などのお札を貼ってはいないでしょうか。これらは火難避けのお札であり、火を扱う場所に祀られるものです。竈さん、荒神さん、くなどさん、愛宕さん、などたくさんの呼び名があります。

ひとびとの間にひろまっている信仰で、教団や教義を持たず、入信や入団の必要がないものを「民間信仰」といいます。お狐さんに油あげをお供えしたり、巳さんに卵をお供えしたりするのも民間信仰のひとつです。ご神体となるような山や磐を信仰したり、特定の神社や神徳を信仰するものもあります。これらの民間信仰は、数も多いうえに歴史も古く、どうしてそれがはじまったのか、なぜそのような儀礼や風習があるのか、多くは謎に包まれています。

ホツマツタヱは、こうした民間信仰の謎にも答えてくれるのです。

なぜ「お稲荷さん」には狐がいるのか？

赤い鳥居と狐の神像をみれば、お稲荷さんの社だとわかるでしょう。稲荷神社だけでなく、さまざまな神社の境内でも祀られていたり、会社や個人宅の敷地内でも祀られています。さらに仏教寺院の境内にも、赤く塗られたお堂とともに狐の像が祀られています。このように神仏を越えて、多くのひとびとに祀られているのがお稲荷さんです。

稲荷神社の総本宮としては、京都市伏見区にある伏見稲荷大社が知られています。とはいえすべての稲荷社が伏見稲荷大社の勧請ではありませんし、伏見稲荷大社に統括されているわけでもありません。それほど幅が広く、日本各地に浸透している信仰であり、それぞれ、めいめいに祀られているようです。ご神徳もさまざまで、五穀豊穣、商売繁盛、家内安全、芸能上達、恋愛成就などたくさんあります。お稲荷さんのご神徳にあやかり、お稲荷さんを崇敬する「稲荷信仰」も、民間信仰のひとつです。

お供えものは「油あげ」とされていますが、これは「お狐さん」の好物だからといわれています。けれども「お狐さん」と「お稲荷さん」ははっきり区別されているようです。

「お狐さん」とは神の使いであり、「お稲荷さん」とは神さまのことです。「お稲荷さん」こと稲荷大神へ、ひとびとの願いを伝えるのが「お狐さん」とされています。ですから

「油あげ」とは、「お狐さん」へのお代といったところでしょうか。

「お稲荷さん」と「お狐さん」にはこのように、はっきりとした主従関係があります。しかしなぜ、このような関係になっているのかは、よくわからないのだそうです。そんな稲荷信仰の由来や、主従関係についても、ホツマツタヱには詳しく載っています。

ホツマツタヱでは天照大神の時代に、反乱軍「ハタレ」による動乱が起こりました。ハタレとは動物の霊に憑かれて心がねじけてしまった存在であり、サルに憑かれた集団や、ヘビに憑かれた集団など、6つの勢力に分かれていました。そのなかのひとつに「キツネ」に憑かれた集団がいました。キツネに憑かれた集団は、京都の東にある花山（ハナヤマ）（山科盆地）で蜂起したといいます。

討伐に向かった皇軍の大将は、京都盆地一帯を治めていたカダマロです。天照大神はキツネ対策として「油で揚げた鼠（ネズミ）」をカダマロに授けました。欲望のままに動くハタレは、食欲を刺激されるとたちまち本性をあらわして、好物に食いついてしまうので、そこを捕らえるという作戦です。

ホツマツタヱでは東西南北のことを「東西南北（キツサネ）」といいます。キツネとは「東西北（キツネ）」であり、太陽が高く昇る「南（サ）」がない存在であり、夜行性を意味しています。夜行性の生き物はほかに、北(ネ)(夜)に住(ス)む「ネズミ」がいます。キツネはネズミを食べて生きるとされていました。そこで天照大神は、ネズミを「揚げる」ことで、夜が「明ける」の意味を掛けたのでした。こうすることで「揚げ鼠」を食べた夜行性のキツネは、夜が明けたと勘違いしてたちまち弱ってしまうというのです。またここには「根(ネ)が明るくなる」とか、「音(ネ)を上げる」の意味も込められていたのかもしれません。こうしてカダマロは「揚げ鼠」によって、キツネ集団をみな捕えてしまいました。

捕らえられたハタレたちは、禊をおこなって改心すれば、朝廷の臣民となることができました。けれどもキツネに憑かれた集団だけは、禊をおこなってもキツネの霊を落とすことができなかったといいます。そこでキツネ集団は命を断つほかないとして、処刑されることになりました。しかしここで、キツネ討伐の大将であったカダマロが助命を願い出ます。刃を交えた相手だからこそ通じる思いがあったのかもしれません。この嘆願は朝廷に拒否されてしまうのですが、それでもカダマロは食い下がって、責任はすべてわたしが負うと誓ったところ、天照大神もやや寛容になったといいます。

キツネ集団は、カダマロの祖先を祀るという条件つきで、処刑をまぬがれました。こうしてキツネは、カダマロやカダマロの祖先に仕えるという主従関係が生まれたのです。

キツネ集団の頭目は、3人の兄弟でした。ふたたび集結することのないよう、長男は山田(ヤマタ)、次男は花山(ハナヤマ)、三男は飛鳥野(アスカノ)でそれぞれカダマロの祖先に奉斎させました。なかでも次男が奉斎した花山というのは、かれらが蜂起した山科盆地であり、これがのちに伏見稲荷大社の創建へ繋がったといいます。また山科盆地にはいまでも、花山稲荷神社が残っています。

キツネ集団は、カダマロの祖先である「ウケモチ（保食神）」を祀りました。伏見稲荷大社では「稲荷大神」として宇迦之御魂大神(うかのみたまのおおかみ)が祀られていますが、これはカダマロの祖先である「ウケモチ」のことでしょう。ホツマツタヱでは、農林水産大臣のような存在であり、稲などの作物の育成方法の開発や品種改良をおこなっていました。

カダマロの子孫はのちに「荷田氏(かだ)」となり、伏見稲荷大社の社家(しゃけ)となったのでしょう。社家というのは、特定の神社に代々奉祀してきた氏族のことです。多くはご祭神の末裔であったり、創祀者の末裔であったり、その土地を治めていた地主の一族であったりします。荷田氏も伏見稲荷大社の創建に関わった存在とか、地主神の末裔といわれ、境内には邸宅跡や荷田氏を祀る神社があります。江戸時代の国学者である荷田春満(かだのあずままろ)は、荷田氏の子孫であり、本居宣長や平田篤胤とともに国学の四大人のひとりとされています。

伏見稲荷大社といえば秦氏が奉斎した神社といわれています。ですから、カダマロの祖先に奉斎したキツネ集団とは、秦氏のことといえそうです。秦氏といえば、海外からの帰化氏族として知られていますが、ハタレもまた、一度日本を離れたものの帰ってきた出戻り氏族とも考えられています。もしかすると「ハタレ」が転じて「秦」になったかもしれません。ここに謎の古代氏族「秦」氏のルーツをみることもできそうです。

平安時代には僧の空海が、稲荷大神を祀ったという伝承もあります。このときに大陸から持ちこんだ荼枳尼天と習合して、仏教寺院でも祀られるようになったようです。日本で描かれた荼枳尼天の図像では、荼枳尼天が狐を乗り物にしており、主従関係が明確に描き残されているといいます。空海はこうして仏教のなかに、ホツマツタヱの教えを残したのかもしれません。

いまでは豆腐の「油あげ」がお供えものとされていますが、これは仏教の不殺生の教えがひろまったためであり、もともとは「ネズミの油あげ」をお供えしていたといいます。

またカダマロのもとでキツネ集団は、田畑を荒らす鳥を追うなど農業に従事していたようですが、伏見稲荷大社の参道で雀の丸焼きが売られているのは、このためかもしれません。

ひとびとの暮らしを守る「荒神(こうじん)さん」

さまざまな信仰が寄せ集まってできた信仰であり、とても複雑な性質を持つといいます。けれどもおおきく分けてみると、屋内と屋外の2つの神徳に分けられるようです。屋内では火難除けの神として祀られ、屋外では地域守護の神として祀られるといいます。

屋内に祀られる荒神さんは「三宝荒神(さんぼうこうじん)」といわれます。神仏習合の時代に生まれた神であり、もとは「竈神(かまどがみ)」といわれる存在でした。ホツマツタヱで竈神といえば、オキツヒコの称え名です。夫婦の道に通じたかたであり、天照大神の孫ニニキネに仕えて、ひとびとの暮らしを守る祝詞「火水土(ヒミツ)の祓(ハラ)ひ」(22アヤ)を完成させました。自然の恩恵によって収穫された作物は、火が清く、水が清く、竈(土)が清ければ、調理された食べ物も清らかとなり、それを食べた人もまた清らかになるとされています。「火・水・土」の3つを荒みなく保つという竈神の教えが、のちに「三宝荒神」となったようです。「宝」というのも、ホツマツタヱでは「田から」が語源とされていて、稲などの収穫物から生まれた言葉です。

ホツマツタヱにおける竈神とは、「ひとびとの暮らしを守る神」のことです。縄文時代や弥生時代には、竈は家屋の中心にあり、ひとびとは竈を囲んで暮らしていたといいます。

ですから竈といえば、家庭そのものを意味するといいます。いまでも「かまどが賑わう」といえば「商売が繁盛する」という意味で、「かまどを破る」といえば「会社を破産させる」という意味があります。竈神とは本来、竈（台所）に限らず、生活全般の守護を担っていたようです。

屋外に祀られる荒神さんは、地荒神（ぢこうじん）といわれます。村落の守護として、山の神や水の神、土地の地主神などさまざまな存在を祀っています。奉祀の仕方も、それぞれの地域に沿ったものとなっています。とはいえ基本的には「ひとびとの暮らしを守る」というものであり、竈に限定されない竈神の本来の神徳があらわれているといえます。

ひとびとの暮らしを守り、五穀の豊穣を願うといえば、稲荷信仰とも似ています。地域によっては、荒神さんなのかお稲荷さんなのか、よくわからないお社もあります。また神社境内にある稲荷社は、地主神を祀っていることもあり、はっきりと区別をつけることも難しいようです。

「荒（あ）れた神」と書くことから悪神のように扱われることもありますが、ホツマツタヱでは「荒（スサ）みなき神」のことであり、清き存在をあらわしています。

ひとびとの暮らしを守るために、家の内でも家の外でも祀られているのでしょう。

ふたつの顔を持つ「恵比寿(えびす)さん」

恵比寿、戎、胡、蛭子、事代主など、「ゑびす」にはさまざまな漢字が当てられます。近畿より西の地域では十日戎(とおかえびす)というお祭りでも知られていて、「えべっさん」の愛称で親しまれています。漢字がたくさんあるように、多くの神さまが習合した存在となっていますが、こちらもおおきく2つに分けられるようです。

「漁業の神」としてのヱビスと、「商売繁盛の神」としてのヱビスです。

「ヱビス」とは本来「海の向こうから流れつく漂着神」をあらわすといいます。漢字で書くとすれば「江霊住(えびす)」であり、江に流れつく鯨などの大型魚を、豊漁の知らせとして祀ったことにはじまるようです。日本は海洋国家ですから、航海術や漁業には古くから長けており、江や港はおおいに栄えていました。そこには海を渡って多くのものが流れつき、この国に繁栄や発展をもたらしたようです。そうした「江(え)」の信仰が、漁業の神「ヱビス」のはじまりといえます。イサナギとイサナミの長女ヒルコも、船で流されて、西宮の江に着いたことから、後世になって「ヱビス」神とされたようです。兵庫県の西宮神社は「えびす宮総本社」といわれていますが、蛭子(えびす)大神として蛭子(ひるこ)を祀ることから「蛭子を祭神とするヱビス」の総本社という意味だそうです。江の信仰にはじまる「ヱビス」といえるでしょう。

しかし残念ながらホツマツタヱには、漂着神を「ヱビス」と呼んでいた痕跡はありません。辺境の敵対勢力のことをわずかに一度「夷（エビス）」と呼んだきりで、あまり良い言葉でもなかったようです。

ホツマツタヱにあるのは「ヱビス」ではなく「ヱミス」です。「笑顔（ヱミスカホ）」に由来する言葉であり、事代主（コトシロヌシ）を称える言葉でした。事代主とは役職名であり、大物主（オオモノヌシ）を支える副官職のことをいいます。大物主というのは、右大臣と防衛大臣を合わせたような役職だったようです。初代大物主には出雲のオホナムチが就任して、初代事代主には子のクシヒコが就任していました。出雲のオホナムチは朝廷から『カシマダチ（国譲り）』を迫られたさい、子のクシヒコに相談をしたところ、クシヒコは「笑顔（ヱミスカホ）」で説得したのでした。ここから「笑（ヱ）ミス」といえば、事代主クシヒコの代名詞となりました。

島根県の美保（みほ）神社は「えびす様の総本宮」といわれていますが、こちらは「事代主を祭神とするヱビス」の総本宮という意味だそうです。事代主クシヒコが笑顔で返事をした地とされています。島根半島の東端にある港であり、クシヒコはここで鯛釣りをしていたといいますから、これもまた「漁業の神」へと繋がるようです。

2代事代主となったのは、クシヒコの孫にあたるツミハ（積羽八重事代主神）です。日本各地を飛び回って、政務に尽力したといいます。初代・神武天皇は、ツミハの娘を皇后としました。このとき神武天皇はとても喜んで笑顔になると、ツミハに「ヱミス神」の名を賜ったといいます。ここにはもちろん、初代事代主クシヒコの「笑ミス顔」も掛けられています。2代事代主ツミハは「ヱミス神」と称えられて、初代事代主クシヒコが眠る三輪山の麓に祀られました。やがてその地は、ツミハ（積羽）からとってツバ（海石榴）と呼ばれるようになりました。

海石榴といえば、日本で最初に市場が開かれた地です。そこでツミハを祀る神社は、市場の守り神となりました。こうして「ヱミス神」は「商売繁盛の神」となったのです。「江」の信仰にはじまる「ヱビス」のヒルコと、「漁業の神」となった「笑顔」のクシヒコと、「商売繁盛の神」となった「ヱミス神」のツミハが習合して、「ゑびす」となったのでしょう。さらにこれが七福神に取りこまれて「恵比寿さん」となりました。七福神のなかで唯一、日本古来の神とされています。釣竿を片手に、鯛を抱えた「笑顔」の恵比寿さんは、初代事代主クシヒコの姿といわれます。

事代主が「笑顔」だったと伝えるのも、ホツマツタヱならではです。

ホツマツタヱで読み解く「年中行事」

日本には多くの伝統文化があります。長い歴史のなかで受け継がれてきたものであり、日本らしさの象徴でもあります。伝統文化のなかでも、年中行事はとくに大切にされてきました。節目となる日には、とりわけ重要な祭事がおこなわれました。これが「節句」です。節句といえば、いまではほとんどが「大陸から渡ってきたもの」とされていますが、ホツマツタヱによれば、それらはみな日本古来のものといえそうです。例えば、1章の冒頭部分にはこのような記述があります。

はつひもち　あわのうやまひ　（初日餅　天地の敬ひ）
ももにひな　あやめにちまき　（桃に雛　菖蒲に粽）
たなはたや　きくくりいわひ　（棚機や　菊栗祝い）

一月一日には餅をお供えして天地を敬い、三月三日には桃の花とともに「ひなまつり」をおこない、五月五日には菖蒲とともに粽を供え、七月七日には「棚機祭」、9月9日には「菊祝い」と「栗祝い」をおこなっていたといいます。

ここからは、こうした年中行事についてみてゆきます。

お正月にお餅を食べる理由は？

1月1日は元日です。ホツマツタヱでは、天照大神の誕生日でもあります。

お正月に「餅」を供えるのは、イサナギ・イサナミの時代からおこなわれていたらしく、天地自然の神々を敬うために供えられていたといいます。これは「望」に掛けたものでもあり、一年の円満や豊穣を願っていたようです。

玄関に「門松」をたてたり、餅に「裏白」や「譲葉」を敷く風習は、天照大神の曾孫の山幸彦が起源とされています。

兄の海幸彦の釣鉤をなくしてしまった山幸彦は、船に乗せられて鹿児島までたどり着きました。ちょうどその日が大晦日だったようです。九州南部を治めるハテツミの屋敷へ向かったところ、すぐに日も暮れてしまったので、山幸彦は門前のあたりに「裏白」や「譲葉」を敷くと、そのうえに座って一睡もせずに夜明けを待ったといいます。翌朝になると、若水（元日の朝に汲む神聖な水）を汲むために姫が出てきたので、山幸彦はようやく屋敷に迎えられました。

山幸彦はのちに九州全土を豊かに治めたといいます。そこで、豊作を祝う祭りがおこなわれました。祭りでは、山幸彦が鹿児島にたどり着いた日の姿を称えるべく、お供えものの餅には「裏白」や「譲葉」が敷かれました。また、ハテツミの屋敷の前で夜を明かした姿も「門前で待つ（松）」に掛けられて「門松（かどまつ）」が飾られることとなりました。これがいまでも「正月飾り」として残っているようです。

1月7日は、七草（ななくさ）の節句といわれます。セリ・ナズナ・ゴギョウ・ハコベラ・ホトケノザ・スズナ・スズシロという、7種類の野菜をいれたお粥を食べれば、邪気を払って万病を除くといいます。ホツマツタヱには、そんな七草の起源も描かれています。

1月7日に、優れた白馬（アオウマ）が献上されたので、天照大神はとても喜ばれました。けれども馬を献上したものは、邪気の病に侵されていたといいます。そこで天照大神は、邪気払いに効果のある7種類の薬草を合わせた料理を、お礼として振舞われました。ゴゲウ・ハコベラ・イタヒラコ・スズナ・スズシロ・スセリ・ナヅというのが、ホツマツタヱの七草です。これによって病が払われたことから、1月7日には七草粥を食べるという風習が生まれたといいます。

春の七草の「仏の座」は「田平子（たびらこ）」ともいいますから、ホツマツタヱの七草とほぼ一緒です。また1月7日には、いまでも宮中行事として「白馬節会（あおうまのせちえ）」がおこなわれています。邪気払いの行事とされていますが、これもホツマツタヱの故事によるのでしょう。

「ひなまつり」を広めたのはスクナヒコナ

3月3日は、桃(もも)の節句です。雛人形を飾って、女の子の健やかな成長を祈る「ひなまつり」がおこなわれます。男雛(おびな)と女雛(めびな)の人形は、天皇陛下と皇后陛下をあらわしているといいます。ひな壇であればここに、三人官女(さんにんかんじょ)、五人囃子(ごにんばやし)、左右の随身(ずいじん)、三人の仕丁(しちょう)、雛道具、御所車や重箱という合計7段がつづきますが、これも華々しい宮中の様子を模しているといわれます。一般的には、人形による祓いの行事が起源であるとか、「ひいな遊び」という人形遊びが起源であるといわれています。

ホツマツタヱによれば、日本最古の「結婚式」に由来するといいます。

はじまりは、4代天神のウビチニ・スビチニです。初代天神から3代天神までは、君主となるものはみな男性でした。けれどもここで政治的な転換期を迎えたらしく、4代天神からは女性の后を政治にくわえて、男女一対の夫婦として国を治めるようになりました。君主みずからが夫婦となったことで、臣も民も、妻を迎えて夫婦になったといいます。これまでの群婚という生活様式にかわって、婚姻という制度が定められた時期のようです。

ウビチニ・スビチニは、幼名をモモヒナギ・モモヒナミといいました。おふたりがおこなった結婚式は、名の「ヒナ」に因んで「雛形(ヒナガタ)」といわれたようです。そんなおふたりを

「夫婦の神」として称えたのが「ヒナ祀り」です。

ウビチニは、雛ヶ岳（福井県日野山）の宮で産まれたといいます。産まれたときには手に「木の実を持って」いたらしく、この実を庭に植えたところ、3年後の3月3日に、花も実も百（たくさん）になったそうです。そこでこの木は「桃」と名づけられました。「木の実を持つ」には、「男が女を持つ」の意味も掛けられていて、結ばれる相手が、産まれながらに決まっていたともいわれています。幼くして将来を誓い合ったおふたりは、「雛ヶ岳の桃の木」と「雛ヶ岳の桃の実」にたとえられて、男の子をモモヒナギ、女の子をモモヒナミといいました。国を治める「君」の職務を、「木（男）」と「実（女）」にわけたようです。

成人したおふたりは、「木の実」にちなんで、3月3日に結ばれました。

ちょうどこのころ日本最初のお酒が作られたらしく、結婚式でもお酒が呑み交わされたといいます。夫婦のことは「妹背」といい、「妹」が女、「背」が男をあらわします。女が先にくる言葉ですから、お酒も女性が先に呑みました。ここから儀式に使う神酒のことを「ミキ（実木・女男）」というようにもなりました。このお酒がいままでは、「白酒を飲む」という風習にもなったようです。

また婚儀のさいに神酒を呑み交わす「三々九度」の風習もここから生まれたといいます。3つの盃で3回ずつ計9回にわたって神酒を呑むのは、3年後の3月3日に桃がなったおふたりの故事によるもので、夫婦の神に祈る意味があるようです。

神酒を呑んだおふたりは、常しえの繁栄を願って床に入って交わりました。それから三日目の朝には、熱いからだを冷ますため、寒川に入って袖を浸したといいます。このとき男は冠に大袖と袴の姿、女は小袖に被衣を重ねた姿だったことから、おふたりは名をあらたにウビチニ（大浸泥）・スビチニ（小浸泥）とされました。婚儀のさいに水を掛け合うという「水祝い」の風習もこのときに生まれたようです。ウビチニ・スビチニと称えられたおふたりの姿が「雛形」となってゆきます。

天照大神の時代には、「天児」という身代わり人形ができたといわれます。身代わり人形が世間の恨みや妬みを受けてくれるので、妻は障りなく世継ぎ子を産むことができるということで、「天児」はのちに嫁入り道具となりました。ウビチニ・スビチニの「雛形」に、身代わり人形の「天児」が合わさって、「雛人形」となったようです。

「ひなまつり」を世にひろめたのは、スクナヒコナ（少彦名命）だといいます。出雲のオホナムチとともに国作りをおこなったといわれるかたです。国作りのために全国を巡るなかで、原初の夫婦神を称える「ヒナ祀り」という祭祀を、3月3日に雛人形を飾る「ひな祭り」として、各家庭に浸透させたのでしょう。

スクナヒコナといえば一般的に小人神とされていますが、それも雛人形をひろめたからかもしれません。スクナヒコナの墓所ともいわれる和歌山県加太浦の淡嶋（あわしま）神社には、いまでもたくさんの人形が奉納されています。

「ひなまつり」の起源を詳しく伝えているのは、ホツマツタヱだけだといいます。ですから「ひな段」もホツマツタヱ的にみることができます。一段目は、ウビチニ・スビチニが原型となっている、天照大神とセオリツヒメの夫婦といえます。二段目の三人官女は、天照大神の三人の娘です。三段目の五人囃子は、天照大神の五人の息子です。四段目の左右の随身は、左大臣（鏡臣）と右大臣（剣臣）でしょう。五段目の三人の仕丁というのは、子育ての神である天児屋根命（アマノコヤネ）と子守神（コモリ）と勝手神（カッテ）といえます。ひとびとの暮らしを守るというホツマツタヱの教えが、見事に反映されています。

「ひなまつり」は本来、夫婦神を祀って夫婦円満を願うものでしたが、「妹背」とあるように、女性が優先されていたことから、女の子のお祭りとなったのでしょう。「天児」が嫁入り道具だったことも、女の子のお祭りとなった由来といえそうです。

戦のための呪具だった「ちまき」

5月5日は、端午の節句です。菖蒲の節句ともいわれます。鯉のぼりや五月人形を飾って、男の子の健やかな成長を祈る日であり、厄除けとして菖蒲湯に入ったり、縁起物として粽や柏餅を食べたりもします。

ホツマツタヱでは、天照大神によるハタレ討伐に由来するようです。反乱軍ハタレの一団が、伊勢の朝廷のすぐ近くまで迫っていたので、天照大神はみずから皇軍を率いて、鎮圧に向かったといいます。このときに敵陣に投げ入れた呪具が「ちまき」こと「サツサ餅」です。

「サツサ」とは「皐月のサの頃」の略であり、いまでいう「端午」とほぼ同じ意味があるといいます。太陽の力がもっとも増す時期という意味であり、太陽の化身である天照大神の力を存分に発揮して、心が暗くねじけた敵を弱らせるという効果がありました。さらに天照大神は「サツサ」を詠み込んだ55音の歌によって、敵の力を封じました。こうして天照大神はみずから、ハタレの一団を鎮圧したのです。

「サツサ餅」は、笹の葉で包んだ餅、笹餅のことといわれます。ホツマツタヱでは南のことを「サ」といいます。太陽がもっとも高くあがる方角であり、縁起の良いこの言葉を重ねた「笹（ササ）」にも、呪力があるとされていました。敵の好物であった餅に食いつかせて、笹の葉の呪力を浴びせたというわけです。

5月はもともと、妊娠5か月目にもたとえられて、腹帯を巻く月とされていました。世継ぎ子が宿る腹を、世間の恨みや妬みなど、厄災から守るために腹帯を締めます。これを「サッサ腹帯（ハラオビ）」ともいっていました。いまでは岩田帯や常陸帯といわれるもので、ホツマツタヱにもその名が残っています。

妊娠したお腹は「幸腹（チハラ）」といわれていて、妊娠五か月目には「幸腹に帯を巻く」に掛けて、5月5日は「ちまき」をおこなう日だったようです。「ちまき」が「粽（ちまき）」を食べる日だったのか、茅を巻いた「茅巻（ちまき）」を作る日だったのかはよくわかりませんが、「ちまき」という行為には、巻いたものを守るだけでなく、巻いたものを浄化して価値をさらに高めるという意味があったようです。いずれにせよ天照大神は「ちまき」を「サッサ餅」にかえて、敵を討つことができました。

男神・天照大神がハタレを鎮圧したという故事から、男の子の武運長久を願う日にもなったのでしょう。五月人形が兜や甲冑をまとった姿であるのも、天照大神の故事によるのかもしれません。

中国伝来ではなかった「たなばた」

7月7日は、七夕の節句です。織姫（琴座のベガ）と彦星（鷲座のアルタイル）との、一年に一度の出会いを祝う日とされています。願いや歌を書いた短冊や色紙を、笹竹に吊るす七夕飾りもおこなわれます。日本にはもともと「棚機」という行事があり、穢れのない乙女が水辺の機屋にこもって、神さまの着る服を織りあげていたといいます。これを棚に供えて神さまを迎え、秋の豊作を願ったり、ひとびとの穢れを祓っていたそうです。ここに大陸から、織女と牛飼いの伝説のある「七夕」という行事が入ってきて、日本では「七夕」といわれるようになりました。

ホツマツタヱでも、機織りはとても重要なものとされています。天照大神の側室となった12人の妃たちも、みな機織りに従事していました。君主に仕える妻は、夫の着物を織るという重要な役目があり、織女としての能力が必須だったようです。

経糸と緯糸を紡いでできる衣とは、経糸という夫に、緯糸という妻が寄りそうことであり、貞淑をあらわすといいます。また経糸は南北、緯糸は東西にもたとえられて、衣は世界を写しとったものとされていました。さらに君主という経糸に、民という緯糸を通して、臣という筬で整えてできるとして、衣は国家の縮図ともされていました。美しく織られた布は、法が正しく通った社会をあらわすと考えられていたようです。反対に、緯糸（ヨコ）が乱れると縞（シマ）になることから、法に背くものは「邪（ヨコシマ）」といわれました。邪がはびこると、衣が乱れて機が織れないので、反乱軍は「ハタレ」といわれました。

布には文字を書きつけて「文書」としていたらしく、書物のことは「御機（ミハタ）」といいます。文章のことを「章（アヤ）」というのも、経糸と緯糸が交わる「綾（アヤ）」からきています。いまでも法律を知らしめることを「発布（はっぷ）」「公布（こうふ）」「布（し）く」というのもこの名残でしょう。

当時からさまざまな織り方が考案されていて、それぞれの官職に合わせた布や、喪服にする布まで厳密に決められていたようです。

ホツマツタヱでは、機織りの神を称える年中行事を「棚機（タナバタ）」といいます。

7月6日から夜を通して織られた木綿（イウ）（夕）と麻（アサ）（朝）の織布を、7月7日の朝に供えていたようです。「棚機」は法律や文書に関わることから「天政（アマツマツリ）」とされていました。幾重にもつづく機織りは、そこから夜空をながれる「天の川」にもたとえられて「星まつり」ともいわれました。

星は祖先の霊に通じています。そこで祖先の霊を祝う歌を、梶（カヂ）の葉に書いたといいます。これがいまでも、短冊に願い事を書くことへ繋がっているようです。

クニトコタチが由来の「菊栗祝い」

9月9日は重陽（ちょうよう）の節句です。菊の節句ともいいます。無病息災や長寿を願って、菊の花をつけた菊酒を呑んだり、栗ご飯を食べたりします。

ホツマツタヱでは、「菊栗祝（キククリイワヒ）」といい、「菊祝い」と「栗祝い」がおこなわれました。菊は別名を「ココ」ということから、9月9日の「九九（ココ）」が行事の日とされたようです。「9」というのは、原初の神々を象徴する数字です。初代天神クニトコタチと、2代天神のト・ホ・カ・ミ・ヱ・ヒ・タ・メを合わせた数が「9」です。クニトコタチは北極星、トホカミヱヒタメは北斗七星にたとえられて、合わせて「九星（コホシ）」ともいわれました。

「菊祝い」とは、ひとびとの祖神にあたる「九星」を称える行事です。「9」に掛けて「菊」の酒を呑んだり「菊」の紋が入った衣を着て祝ったといいます。また菊はとても良い香りを放つことから、身の穢れを祓う効果があるとされていました。

「栗祝い」では、栗見酒（クリミサケ）をおこなっていました。9月13日は栗名月（くりめいげつ）といい、夜の月見に栗をお供えするといいます。栗の栽培をひろめたのは初代天神のクニトコタチだという説もあります。だとすれば「栗祝い」とは、「九星」の中心にあたるクニトコタチを称える日なのかもしれません。

「新嘗祭」をはじめたのは豊受大神

11月23日は新嘗祭(にいなめさい)です。宮中祭祀でももっとも重要な祭事とされています。天皇陛下がみずから、その年にとれた穀物（米）を天神地祇に奉り、これをお召し上がりになることで、収穫の恵みに感謝を捧げ、国家の安寧とひとびとの繁栄を願うという行事です。とくに、即位礼の後に初めておこなわれる新嘗祭は、大嘗祭(だいじょうさい)といわれます。

ホツマツタヱでは、新嘗会(ニイナメヱ)や初嘗会(ウイナメヱ)といわれます。そもそも「行事」のことは「嘗事(ナメコト)」というのですが、旧暦のこの日は新暦の冬至にあたるので、1年でいちばん最初の行事ということで「新嘗会」となったようです。ですから「食」だけでなく、国家の安寧やひとびとの繁栄を願う行事だったといいます。

新嘗会をはじめたのは、天照大神の祖父にあたる豊受大神です。どうやらこのときに、年中行事も定めたようです。さらに天照大神が誕生したさいには、原初の天神に報告するために特別な嘗会である初嘗会がおこなわれました。これがいまの大嘗祭につながるようです。

日本の「伝統行事」の生みの親は、豊受大神だったといえそうです。

「大祓」の祝詞もホツマツタヱで読み解ける

6月30日と、12月31日には、大祓(おおはらえ)がおこなわれます。半年の間についた心身の穢れを、祓い清めるという行事です。6月は「夏越の祓(なごしのはらえ)」といい、12月は「年越の祓(としこしのはらえ)」といいます。「大祓詞(おおはらえのことば)」という祝詞によって穢れを祓ったり、紙を人形に切った「人形代(ひとかたしろ)」に穢れを移し、それを水に流したり、火で焚くことで穢れを祓います。「夏越の祓」ではとくに「茅(ち)の輪(わ)くぐり」がおこなわれます。茅や藁を束ねてつくった輪をくぐって、無病息災を祈るという風習です。

ホツマツタヱでは、「水無月禊(ミナツキノミソギ)」という6月の行事です。川で禊をしたり、「茅輪(チノワ)ぬけ」をおこなっていたようです。5月行事の「茅巻(チマキ)」が妊婦の腹帯に由来したように、6月行事の「茅輪(チノワ)」も妊婦に由来するとすれば、これは「産まれ直し」を意味するのかもしれません。こうすることで、ふたたび気持ちを新たにしていたのでしょう。ひとびとは「水無月禊」で穢れを祓い、おおいに長生きできたといいます。

このとき「大祓詞」が奏上されていたかどうかは、よくわかりません。ただ「大祓詞」は、その全文をホツマツタヱから読み解けます。一般的に「大祓詞」といえば、とても長大であるうえに、記紀には登場しない神名についても語られているため、難解な祝詞といわれています。全体の流れとしては、まずさまざまな「罪」を挙げてゆき、それらの罪を「祓戸大神（はらえどのおおかみ）」という四柱の神が協力して祓うことで、穢れが清められるという物語です。神話に沿った内容にもみえますが、記紀からではまったく解釈ができません。ところがホツマツタヱからみれば、ここには「ハタレ」による動乱の一部始終が描かれていることがわかります。

天照大神の時代には、反乱軍「ハタレ」が蜂起して朝廷に迫ったといいます。はじまりは、シラヒトとコクミという地方官僚の腐敗でした。ふたりは極刑を言い渡されるのですが、恩赦によって命を救われると、そのまま反乱軍へと流れてゆきます。また天照大神の12人の妃のうち、モチコとハヤコの姉妹は、正后の座をセオリツヒメに奪われたことから不満をつのらせていました。そこで天照大神の弟ソサノヲをそそのかして、天照大神の命を狙ったのですが、これも失敗におわり、九州に左遷されるとそのまま反乱軍へと流れてゆきました。

反乱軍となったかれらは、細戈千足国（サホコチタル）の斐伊川（ヒカワ）に集結したといいます。反乱軍の首謀者となったのは、細戈千足国の統治を任されていた益人（マスヒト）（地方長官）です。腐敗官僚のシラヒト・コクミも、天照大神の妃だったモチコ・ハヤコも、細戈千足国の出身でしたから、かれらはみな共謀して国家転覆を狙っていたといわれています。こうして斐伊川(ヒカワ)には、反乱軍「ハタレ」の本部ができあがりました。

日本各地では6つのハタレ軍団が蜂起して、混乱を引き起こしました。天照大神は各地に皇軍を派遣して、これらをすべて鎮圧してゆきます。最後に残されたのがハタレの本部でした。皇軍は最終決戦として斐伊川(ヒカワ)へ進軍したところ、皇軍の大将を任されたイフキドヌシは、ここで天照大神の弟ソサノヲと再会しました。

ソサノヲはモチコ・ハヤコにそそのかされて、天照大神に襲い掛かり、岩室へと追いやった罪で朝廷から追放されていました。けれどもソサノヲは、反乱軍に加わることはなく、細戈千足国に隠れ住んで抵抗をつづけていたようです。しかしそれにも、限界があったのでしょう。妻にも子にも恵まれたソサノヲは、もはやひとりでは家族を守り切れないと感じていたようです。ソサノヲは涙ながらにみずからの過ちを認めると、甥にあたるイフキドヌシに向かって、皇軍に加わることを願い出ました。

イフキドヌシも涙ながらに伯父ソサノヲの手をとると、ともに敵の本拠地へと攻め込みます。そうしてシラヒト・コクミ、モチコ・ハヤコ姉妹、益人(マスヒト)（地方長官）をみな討ち取りました。反乱軍「ハタレ」による大動乱は、こうして治まりました。

「大祓詞」の前半は、天照大神の世に混乱が広がるさまが描かれています。

大祓詞にある「天之益人（あめのますひと）」とは、細戈千足国を治める地方長官「益人（マスヒト）」のことです。また大祓詞にある「白人胡久美（しろひとこくみ）」とは、腐敗官僚の「シラヒトとコクミ」のことです。大祓詞で語られるさまざまな罪は、反乱軍「ハタレ」の罪状をあらわしています。さらに天照大神を岩室に追いやった弟ソサノヲが、流離刑となるまでが前半の物語です。

「大祓詞」の後半は、天照大神の皇軍がハタレを討伐してゆくさまが描かれています。

大祓詞には「瀬織津比咩（せおりつひめ）」「速開都比咩（はやあきつひめ）」「氣吹戸主（いぶきどぬし）」「速佐須良比咩（はやさすらひめ）」という四柱の神が登場します。「祓戸大神」や「祓戸四神」という穢れを祓う神なのですが、記紀からではよくわからない謎の神ばかりです。けれどもホツマツタヱでは、大活躍しています。

「瀬織津比咩」とは、天照大神の后セオリツヒメのことです。モチコとハヤコの謀反をいちはやく見抜いて、天照大神を救いました。また捕らえたハタレの兵を、鏡の力によって改心させると、朝廷の臣民とする道をひらきました。

「速開都比咩」とは、天照大神の側室のひとりアキツヒメのことです。正后セオリツヒメに次ぐ存在であり、船の一族でもありましたから、さまざまな情報をいちはやく皇軍にもたらしました。

「氣吹戸主」とは、最終決戦で皇軍の大将となったイフキドヌシのことです。流離刑となっていたソサノヲを皇軍にくわえて、武力によるハタレ討伐を成し遂げました。
「速佐須良比咩」とは、反乱軍となったハヤコのことです。大祓詞ではこれにつづいて「持佐須良比(もちさすらひ)」とあるのですが、これは姉のモチコのことでしょう。皇軍の活躍によって、モチコ・ハヤコ姉妹をはじめとした「ハタレ」が鎮圧されたことをあらわしています。
「大祓詞」は、前半では天照大神の世を乱した「ハタレ」の罪を詠みあげ、後半では朝廷の力をもって討ち払ったという故事を語ることで、この国の臣民の力をもってすればあらゆる厄災を祓うことができると伝えているのでしょう。また「ハタレ」であっても、禊をして改心すれば、朝廷の臣民に加わることができたことから、たとえ罪や穢れがあっても、悔い改めて罪を償い、穢れを祓い清めたなら、ひとびとも救われるとしたようです。

6月のことを水無月というのも、暑さで水が乾いて体力が落ち、穢れがつきやすいからだといいます。「水無月祓」によって川で禊をすることは、失われた水を補い、体力を取り戻す意味もあります。さらに「大祓詞」によって穢れを祓い、茅の輪をくぐって産まれ直すことで、心身ともに健やかとなり、清々しく生きられるようです。

まさに神代の教えをいまに残す年中行事といえるでしょう。

ホツマツタヱで読み解く「語源」

年中行事のほかにも、伝統文化はたくさんあります。なかでも「言語」というのは、そのものが「文化」であるといわれます。歴史や思想や精神などのすべてが「言語」には残されています。例えば日本に「掛詞（かけことば）」があるのも、古来より「歌」の文化があり、言語を音として認識する感覚が身についているからです。「松」に「待つ」の意味が掛けられるのも、この言葉を純粋に「まつ」という2音で聞いて、そのどちらも同時に連想することができるという文化の土壌があるからです。

ホツマツタヱでは一音一音が原初の神であるとされています。ですから一音一音をとても大切に扱っていますし、一音一音の組み合わせから生まれる言葉にも、深い意味や思いが込められています。これらの音を言語として操ることは、遠い祖先の神々と親交を深めることにもなるのです。「掛詞」だけでなく「駄洒落」や「韻を踏む」というのも、豊かな言語感覚があるからこそ成せる業といえるでしょう。

ここではそんな言葉が生まれた経緯を「語源」からたどってゆき、そこに秘められている日本の文化の根源に触れてみたいと思います。

音読みではなかった「和歌」の語源

音読みでは「わか」、訓読みでは「やまとうた」といいます。大陸から入ってきた漢詩と、日本古来の詩歌を区別するために、日本のものを「和歌（やまとうた）」、大陸のものを「唐歌（からうた）」といったのが、のちに音読みされて「和歌（わか）」になったといわれています。けれどもホツマツタヱでは、「ワカ」という言葉のほうが先にありました。これは天照大神の姉である「ワカヒメが詠んだ歌」から生まれた言葉です。

ホツマツタヱの1アヤは「それわかは　わかひめのかみ」ではじまり、「これしきしまの　わかのみちかな」でおわる「和歌（ワカ）」の章です。ワカヒメによって和歌が生まれ、敷島の和歌の道を大成したことが描かれています。

ホツマツタヱが伝える日本最古の和歌は、ワカヒメが詠んだ32音の祓い歌です。

『たねはたね　うむすぎさかめ　まめすめらの　そろはもはめそ　むしもみなしむ』

紀州（キシヰ）（和歌山県）で発生した稲の虫害を払うためにこの歌を詠んだところ、枯れていた稲も「若（ワカ）」返ってふたたび実りを結んだので、「ワカヒメの歌」から名をとって「ワカの歌」といわれました。これがのちに「和歌（ワカ）」となります。

「和歌」よりも前には「歌（ウタ）」がありました。「歌」というのは、はじめは不定型詩だったようですが、天照大神の父母にあたるイサナギ・イサナミは、ここに「五七調」を定めたことで定型詩となりました。

「アワウタ」とは、イサナギ・イサナミが生みだした定型詩の歌です。

『あかはなま　いきひにみうく　ふぬむえけ　へねめおこほの

もとろそよ　をてれせゑつる　すゆんちり　しゐたらさやわ』

前半の「五七五七」はイサナギが詠み、後半の「五七五七」はイサナミが詠んだといいます。「歌」とはこのように返歌をするものであり、男女が歌を交わすことで心を通わせていたようです。イサナギ・イサナミは、「アワウタ」を教えひろめることで、ひとびとの言葉の乱れをただしてゆきました。どうやらここには、日本の標準語を定めたという意味合いもあるようです。

「アワウタ」からのちに「五七五七七」の合わせて31音となる定型歌が生まれます。これは1年365日という日の周期を、1年12ヵ月という月の周期で割ったときの、陽数（奇数）である「31」から定まった数のようです。そもそも五七調というのも、365日を12ヵ月で割ったとき、31日が「5」ヵ月、30日が「7」ヵ月となることに由来しています。日月の巡りからできた数だったのです。

ワカヒメは31音の定型歌に1音足して、32音の字余りの歌とすることで、祓いの効果を持たせたといいます。もしかするとこれは、4年に一度の閏月の日数なのかもしれません。4年で「48」ヵ月になることと、ヲシテが「48」音からなることは、無関係ではないと考えます。

さらにワカヒメは、31音からなる「回り歌」も詠んでいます。回り歌とは、上から読んでも下から読んでも同じになる回文（かいぶん）の歌です。

『きしいこそ　つまおみきわに　ことのねの　とこにわきみお　まつそこいしき』

勅使として訪ねてきたオモイカネ（思兼神）に、一目惚れをしたワカヒメが詠んだ恋の歌です。五七調の「歌」というのは、基本的には返歌をするものなのですが、回り歌は歌のなかですでに反復しているので、返歌できない歌だといいます。つまりこれは「断れない歌」となっていて、ワカヒメの告白をオモイカネは受け入れるしかなかったというのです。ワカヒメは歌の力によって、最愛のオモイカネと結ばれたのでした。

回り歌というのは、ワカヒメを養育した忠臣のカナサキが編みだしたものです。のちに住吉大神となるカナサキは、航海の途中で悪天候に見舞われたとき、船を転覆させまいとして回り歌を詠んだといいます。

『なかきよの　とおのねふりの　みなめさめ　なみのりふねの　おとのよきかな』

返歌できない歌を詠むことで、船もひっくり返さなかった、ということのようです。ワカヒメは、歌の師でもあるカナサキから回り歌のことを聞いていて、みずからの告白にもこの手法を使ったのでした。カナサキが詠んだ回り歌は縁起の良い歌として、いまでも七福神の宝船とともに残っています。

31音の回り歌と、32音の祓い歌から、「五七五七七」の定型歌が生まれました。これをワカヒメにちなんで「和歌（ワカ）」といったようです。

和歌とはおそらく「返歌をしなくてもよい歌」だったのでしょう。返歌をともなうような会話としての言語ではなく、それそのものが作品となるような完結型の言語や文字ができたということです。これは「歌そのものを楽しむ」という「文化」が生まれた瞬間でもあるのでしょう。

イサナギとイサナミの「アワウタ」によってひとびとの言葉が整えられていたので、ワカヒメは新たな文化としての「和歌」を大成させたといえます。

こうして「和歌」は、日本の文化の中心となってゆきました。

イサナギが発明した楽器「琴」

琴は日本最古の楽器といわれます。「和琴」と書いて「わごん」や「やまとごと」ともいわれる日本固有の弦楽器です。奈良時代のおわりに、大陸から同じ弦楽器である「箏」が入ってくると、日本古来の「琴」の仲間とされて、こちらも「箏」といわれるようになりました。指で押さえて調音するものが日本古来の「琴」であり、琴柱によって調音するものは大陸由来の「箏」だといいます。

ホツマツタヱでも、琴は日本最古の楽器とされています。はじまりは三弦の琴であり、天照大神の父イサナギが発明しました。宮の垣に繋った葛の葉を、糸薄が打つさまをみて思いついたので、三弦琴は「カダガキ」といいます。漢字で表記するなら「葛掻」でしょうか。弦を手で掻き鳴らす楽器だったようです。もしかすると「楽器」という言葉も、「葛掻」の「掻」が転じて「がっき」となったのかもしれません。天照大神の姉ワカヒメも、幼少期は三弦琴とともに「アワウタ」を歌っていたようです。また「国作り」をおこなったスクナヒコナは、三弦琴を鳴らしながら「ひなまつり」をひろめたといいます。

三弦琴はのちに五弦琴となり、六弦琴として大成します。

天照大神の時代には、反乱軍「ハタレ」が蜂起して、6つのハタレ集団が朝廷に迫ってきましたが、皇軍はこれを6つの呪具をもって討ち倒しました。この6つの呪具にあやかって作られたのが六弦琴です。

　ハタレ討伐の戦勝祝いではまず、弓弦が打ち鳴らされました。一般的には、弓弦を弾いて音を鳴らしたことが弦楽器のはじまりといわれています。弓弦の音には祓いの意味があり、戦場でなくなったひとびとの鎮魂のために鳴らされたようです。ただ、弦楽器が発明された後に弓ができたのか、弓が発明された後に弦楽器ができたのかは諸説あるといいます。いずれにせよ天照大神は、戦勝祝いの場で弓弦が奏でられるのをみて、6つの呪具になぞらえた六弦の琴を考案したといいます。ガダ・フキ・カナデ・メガ・ハ・ヒレという6本の弦を桑の木にかけると、この琴を奏でることは「八雲打ち」としました。六弦琴を打ち鳴らすことで、厄災を討ち祓い、天下泰平を祈願する楽器としたようです。これがいまにのこる「和琴」の原型となっているそうです。

　「琴」というのは、ホツマツタヱでは「事」に通じているといいます。これは、数字の「九（コ）」と「十（ト）」からきている言葉です。「一（ヒ）」から「九（コ）」まで進めてきた事業が「十（ト）」へ大成することを「九十（コト）を結ぶ」というのですが、ここから「事」という言葉が生まれました。「九」と「十」の間にはおおきな壁があり、それを乗り越えて成功させていくことが大事であると伝えているようです。

またこれは、幼い「二九（彦）」が「二十（人）」へ成長することでもあるといいます。歴代の天皇陛下の諱に「仁」があるのも、ひとびとを導いて「九十」を結ぶためなのだそうです。ですから「琴」を奏でるという行為には、「事」を結びたいという願いが込められているようです。

さらに「事」は、言葉の「言」にも通じています。神のことを「尊（御言）」といったり、天皇陛下の勅命を「詔（御言宣り）」というのは、言葉によってひとびとを導いて、この国を成したからです。ですから「琴」も「言」と同じように、一音一音が尊いものとされたのでしょう。つまり「琴」によって音楽を奏でることは、「言」によって和歌を詠むのと同じことといえます。

ワカヒメは「和歌」だけでなく「琴」にも通じていたといいます。どちらも「事を結ぶ」という願いから生まれたものであり、ワカヒメはこのことを深く理解していたのでしょう。願いを言葉に乗せて、琴を奏でながら詠うというのは、原初の天神への祈りとなります。こうして多くの事を結んだワカヒメを、ひとびとは歌姫明神と称えたのでしょう。

音楽とともに歌うことは、神代よりつづく日本の伝統文化であるようです。

体内の魔を祓う「酒」

日本最古の酒は、古事記・日本書紀にある「ヤシオリの酒」だといいます。天照大神の弟スサノオが、八岐大蛇を倒すために用意させた酒であり、何度も醸した強い酒とされています。日本酒といえば原料は「米」ですが、ここでの原料は「菓」とあり、木々の果実を使ったものだったようです。

ホツマツタヱでは、日本最古の酒は、琵琶湖周辺ではじまったといわれています。とある里山では、竹株に溜まった水に、雀の噛んだ籾が入って発酵し、酒ができていたといいます。これを聞いた土地の領主は、雀の籾にならって口噛みによる酒を造りました。これが日本最初の酒とされています。

「笹」竹の「笥（節）」に溜まっていたことから、当初は「酒」といわれていました。「籾」を噛んでいたとあるからには、原料も「米」だったのでしょう。このときにはまだ陸稲だったと考えられます。

「酒」は「捧げ」に通じることから、当時の君主である4代天神のウビチニとスビチニに捧げられました。このとき妻スビチニが先に呑んで、夫ウビチニは後から呑んだので、「実（女）」と「木（男）」に掛けて、供物とされる酒は「神酒」と呼ばれるようになりました。

ホツマツタヱでは「サ」は「南」をあらわします。太陽がもっとも高く昇る方角ですから、日神の天照大神を称える言葉でもあります。「サ」を繰り返す「笹（ササ）」や「酒（ササケ）」も天照大神の霊力を高めるものでした。ハタレ討伐においても天照大神は「笹餅（サツサモチ）」を呪具としています。これにちなんで、宴会で酒をすすめるさいには「颯颯（サツサツ）」と声を掛けたそうです。これがいまでも「さっさっ」といって酒をすすめる由来だといいます。酒を呑むことは、体内の魔を祓う意味もあったようです。

ホツマツタヱでも、天照大神の弟ソサノヲは「ヤシホリの酒（サケ）」を造りました。天照大神が「サツサ餅」でハタレを討ったように、ソサノヲにとっての呪具が「ヤシホリの酒」であり、八岐大蛇の八つの頭を「絞（しぼ）る」という願掛けだったようです。「搾（しぼ）る」というのが、もろみを「布で濾（こ）す」という意味であれば、ソサノヲはここで清酒を造ったのかもしれません。口噛みによって醸した白濁した酒ではなく、水と見間違うような透明の酒によって、八岐大蛇を酔わせたという作戦だったのでしょうか。

だとすれば「ヤシホリの酒」は、日本最古の清酒といえそうです。

夫婦を意味する「伊勢」

ホツマツタヱでは、「伊勢（イセ）」は「妹背（イモヲセ）」が語源となっています。「妹」とは妻のこと、「背」とは夫のことで、「妹背」は「夫婦（めをと）」を意味します。「妹（妻）」が先で「背（夫）」が後になっている言葉ですから、本来であれば「妻夫（めをと）」や「女男（めをと）」と書きたいところですが、意味としては「夫婦（ふうふ）」です。夫婦円満の秘訣は、女（妻）を大事にすることだと伝えています。

4代天神のウビチニ・スビチニの時代からは婚姻制がはじまったらしく、君臣民もみな妻や后を迎えるようになりました。ひとびとはこれによって、さらなる繁栄と発展を遂げたといいます。ここには女性を大切にすることで、国家的な困難を乗り越えることができたという歴史が刻まれているようです。

ホツマツタヱでは、もっとも重要な教えに「トの教え」があります。2代天神となったト・ホ・カ・ミ・ヱ・ヒ・タ・メのうち、本家となった「ト」が伝えた教えのことです。三種の神器のうち「勾玉」は、「トの教え」の象徴といわれます。君主や皇室にも代々受け継がれていた教えであり、この国の基本思想ともいえるでしょう。

ざっくりといえばこれは、「陰」と「陽」の「統合の教え」といえます。

陰とは、地・女・水・月・夜・暗・内・裏・下・右・重・静などなどです。
陽とは、天・男・火・日・昼・明・外・表・上・左・軽・動などなどです。
肉体的なものや物質的なものが「陰」であり、精神的なもの非物質的なものが「陽」とされています。これら相反するものを、統合して円満になるというのが「トの教え」です。これがやがて「男女和合」や「夫婦円満」の意味へと繋がり、「妹背」という言葉ができたようです。

天照大神ははじめ、富士山麗で即位して都をひらいていました。側室であるモチコとの間には長男が産まれ、ハヤコとの間には長女・次女・三女が産まれましたが、正后であるセオリツヒメとの間には子ができませんでした。そこで天照大神は、志摩半島のほうへ遷都をおこないます。するとようやくセオリツヒメとの間に御子が生まれました。

そこでこの地は天照大神とセオリツヒメの「妹背（イモヲセ）（夫婦）」にちなんで「伊勢（イセ）」といわれるようになりました。おふたりは夫婦円満のあり方を「伊勢（妹背）の道」といって、ひとびとに説いていったといいます。君主みずからが男女のあり方を示すことは、ひとびとの繁栄や、この国の発展にも繋がりました。

「伊勢」とは、天照大神とセオリツヒメが睦まじく暮らした証でもあるようです。

「大和」はもともとは富士山の麓だった

「大和」といえば、日本の呼称です。「やまと」や「おおやまと」と読みます。「大和国」といえば、奈良県の旧国名でもあります。一般的な説としては、初代・神武天皇が大和国で即位したのち、日本全国に勢力を拡大していったので、日本のことを「大和」というようになったといわれています。

ところがホツマツタヱでは、まったく逆の流れになっています。もともと日本のことを「大和」といっていたのが、のちに奈良盆地一帯をあらわす「大和国」へと意味が縮小していきました。

ホツマツタヱでは、「大和」の語源は「山」の「下」であり、「富士山の麓」を意味します。富士山の歴史は、2代天神のヱ・ヒ・タ・メ・ト・ホ・カ・ミのうち、本家の「ト」が富士山の麓に宮をひらいたことにはじまります。ですから「山下」の「ト」には、「トの尊」や「トの教え」の意味も含まれています。

7代天神のイサナギとイサナミは、富士山の麓で天照大神を出産しました。さらに、妻イサナミをうしなった夫イサナギは、失意の底から立ち上がると、全国をひとりで巡って、代々継がれてきた「トの教え」をひろめたといいます。

「トの教え」がひとびとの間に通ったなら、国は和(まどか)になることから、「トの教え」は「和(マト)の教え」ともいわれました。そこでイサナギがひろめた「大いなる和の教え」は、「大和(イヤマト)」と称えられることとなりました。

「富士山の麓」という「山下(ヤマト)」に、「大いなる和(マト)の教え」という「大和(イヤマト)」がくわわって、日本そのものをあらわす「大和(ヤマト)」という言葉が生まれました。イサナギの活躍によって、この国は「大和」と呼ばれるようになったのでした。

天照大神は富士山の麓で産まれたといいます。富士山の麓で即位すると、富士山の麓を都としました。これにより富士山といえば「男神・天照大神の象徴」となりました。つまり「大和」とは、富士山を中心とした国家というだけでなく、天照大神を中心とした国家のこともあらわすようになったのです。ですから記紀に富士山の記述がないのは、天照大神が男神であったことを隠すためだったともいえるでしょう。

「大和」が奈良盆地をさすようになったのは、天照大神の孫クシタマホノアカリが、奈良盆地に朝廷をひらいたことにはじまります。川をのぼった先にひろがる奈良盆地をみて「虚空見大和国(ソラミツヤマトノクニ)」と名づけたのが、いまに残るようです。神武天皇はこの大和国へ東征をおこない、二つの朝廷を統一すると『神日本磐余彦(カンヤマトイハワレヒコ)』と名乗りました。

地上の理想郷「ホツマ」

ホツマツタヱには「日本（ヒノモト）」という言葉もあります。日本をあらわす言葉です。「大和（ヤマト）」は「山の下」と「大いなる和（マト）の教え」からきていましたが、それとほぼ同じで「日本（ヒノモト）」は「太陽の下（モト）」と「大いなる和（マト）の教えの源（モト）」からきています。太陽があまねく照らす国であり、調和の教えが生まれた国という意味のようです。

日本をあらわす言葉は、ほかにもたくさんあります。

・本州がトンボ（秋津）の形に似ていることから「秋津島（アキツシマ）」
・トホカミヱヒタメの八皇子にはじまり、8つの島からなることから「八洲（ヤシマ）」
・中央政府の統治が通っていることから「中国（ナカクニ）」
・天地や男女の統合を成すことから「和国（アワクニ）」
・調和がとれていて心安くいられることから「安国（ヤスクニ）」
・多くのひとびとが暮らすことから「葦原国（アシハラノクニ）」
・水田に稲が豊かに稔ることから「瑞穂国（ミヅホノクニ）」
・桑の木による養蚕業がゆきわたったことから「扶桑国（コヱクニ）」

これらは日本全国をあらわすだけでなく、それぞれ一部地域を指す言葉でもあります。

「大和」という言葉が、日本全国をあらわすだけでなく、奈良盆地一帯を限定的にあらわすのと同じです。

『ホツマツタヱ』の「ホツマ」というのも、日本をあらわす言葉です。漢字で書くならば「秀真国（ホツマクニ）」であり、限定的には関東地方など「東の国」をあらわします。「穂（ほ）」を「摘（つ）む」という「穂摘（ホツマ）」の意味もあり、稲作により多くの収穫があった地のようです。

天照大神の孫のニニキネは「秀真国」に宮を築くと、全国に善政を敷いてゆきました。ニニキネによって全国が豊かに治まったので、日本のことは「磯輪上秀真（シワカミホツマ）」と称えられました。これは「地上の理想郷」というような意味だといいます。

ここから「秀真（ホツマ）」といえば、「ニニキネの秀でた善政」や「ニニキネのように真っ直ぐな心」をさすようになりました。「日本全国」をあらわすだけでなく、「調和のとれた社会」や「真心を尽くす精神」をあらわすというのも、「大和（ヤマト）」や「日本（ヒノモト）」と同じです。「大和」が富士山の麓をあらわし、「日本」が太陽の下をあらわすように、「秀真」は稲の収穫をあらわしていて、どの言葉も日本の象徴を含んでいるといえます。

ですから「秀真政伝記（ホツマツタヱ）」と書いたなら、それは「日本書紀（やまとふみ）」とも同じ意味といえるでしょう。どちらも、日本の歴史をいまに伝える書物という意味になります。

ただし「ホツマ」には、「東国」や「ニニキネの善政」の意味も含まれています。天照大神の孫の時代には、兄クシタマホノアカリの治める「大和」国の朝廷と、弟ニニキネの治める「秀真」国の朝廷に分かれてしまいました。血統としてはどちらにも正統性があり、兄弟はともに協力をして日本全国を治めていました。ですから、どちらの朝廷にも、みずからの皇統を記した歴史書があったのでしょう。

やがて神武天皇が東征をおこない、二つに分かれていた朝廷が統一されました。皇統を継いだ神武天皇とは、クシタマホノアカリやニギハヤヒの血統ではなく、ニニキネの血統です。だとすれば『ホツマツタヱ』というのは、二朝廷のうち「弟ニニキネの歴史を伝える書」という意味があるのかもしれません。

ソサノヲの御霊は、天孫ニニキネの活躍に憧れて、ヤマトタケに転生したといいます。ニニキネの「ホツマ」の心に、ソサノヲも動かされたようです。

『ホツマツタヱ』の後編は、ヤマトタケの功績を描くためにあるともいえます。これもヤマトタケ（ソサノヲ）の心が「ホツマ」に届いたからともいえるでしょう。后ミヤヅヒメのもとに剣を置いていったヤマトタケの姿にはどこか、ニニキネの「ホツマ」の心を感じてしまいます。

おわりに

ホツマツタヱの編纂者であるオオタタネコは、序文のしめくくりとして、このような2首の歌を詠んでいます。

『しわかみの　こころほづまと　なるときは　はなさくみよの　はるやきぬらん』

『いそのわの　まさこはよみて　つくるとも　ほつまのみちは　いくよつきせじ』

どちらも「ホツマ」が詠み込まれた歌です。ここには「ホツマツタヱを読んだひとにはこうなって欲しい」という願いが込められているといいます。

1首目の「ホツマ」は「磯輪上秀真（シワカミホツマ）」であり、天照大神の孫ニニキネの善政や真心をあらわしています。ニニキネが后コノハナサクヤヒメと出会い結ばれたことと、ニニキネのかんがい事業によってひとびとの暮らしが豊かになったことが詠まれています。治水によって米の収穫が安定したので、この国の未来がいよいよ希望に満ちたものになったという歴史を詠んだ歌です。こうしたことから、ニニキネのように心が「ホツマ」であったなら、だれもがこの国で花を咲かせることができると伝えているようです。

2首目の「ホツマ」は「道」に掛かっていて、日本の精神や大和魂をあらわしています。

磯の江の浜の砂つぶを数えてゆけば、やがては数え尽くすことができるけれども、この国を思う心はいつまでも尽きることがないと詠っています。また「いそのわ」には、天照大神が暮らした「伊雑宮（イサワノミヤ）」も掛けられています。天照大神は伊雑宮で正后セオリツヒメと結ばれて子オシホミミをもうけると、真榊（マサカキ）という木によって暦を作りました。のちに真榊の暦のほうは途絶えてしまいましたが、天照大神の直系は途絶えることなく、これから先も幾世代もつづいていくのですと詠っています。このように歴史の深い国を築けているのも、君臣民がともに力を合わせてきたからであり、この国をより良くしてゆきたいというひとびとの思いが大切だと伝えています。

　ホツマツタヱを読むことは「日本の心を呼び覚ますこと」であり、これによってひとびとには「存分に生きて欲しい」と編纂者のオオタタネコは願っていたようです。なぜなら日本の心というのは、古代から受け継がれてきた神々の教えによって、育まれてきたものだからです。

　いまでは「しわかみ」を「磯輪上」と表記しますが、これも「いそのわ」を「磯の輪」と読んだことからきているようです。「しわかみ」をどう解するかは諸説あるのですが、「志波神」と読んでみればこれも天照大神の子オシホミミをあらわしていると思われます。

「しわかみ」とは「皇統を継いだ嫡男」や「末裔神」を称える言葉であり、その象徴として「オシホミミ」が挙げられているのでしょう。ですから「しわかみのこころ」とは「幾世代もの神々の教え」であり、この教えによって「こころほづま」となるのです。つまり『ホツマツタヱ』とは、「神々の教えによってホツマの心を伝える書」ともいえます。

ホツマツタヱをひもとくことで、これからも心の「ホツマ」を、よりいっそう深めてゆけたらと思います。

最後になりましたが、本書を手に取ってくださいましたみなさまに、感謝の言葉を述べさせてください。心からありがとうございます。

『ホツマツタヱ』という不思議な文献の面白さを、すこしでも広められたらという思いで書きあげました。まだまだ浅学の身でありますから、おおくのご指摘もあるかと思います。もしご意見ご感想などありましたら、お声掛けいただけると幸いです。

本書の執筆にあたり、『はじめてのホツマツタヱ』の著者である今村聰夫先生には、著書を参考にさせていただいただけではなく、『検証ほつまつたゑ』の編集会議においても度々ご意見いただきました。ありがとうございます。今村先生の聡明さもさることながら、お人柄の素晴らしさにはいつも心打たれています。

『検証ほつまつたゑ』編集長の原田峰虎様（とらさん）にも、おおくのご意見をいただきました。原田編集長から検証誌への寄稿をお声がけいただいたことが、人生の契機にもなっています。ありがとうございます！

社会派イラストレーターの牛嶋浩美先生には、ホツマツタヱの入門書の筆者として「NAVI彦」の名を挙げていただき、まことにありがとうございます。原田編集長と牛嶋先生のお口添えがなければ、ホツマツタヱの書籍を上梓する幸運に恵まれることはありませんでした。

本書を出版する機会をくださった、かざひの文庫の磐﨑文彰社長に心より感謝いたします。ぼくのような新参者に筆を預けていただき、本当にありがとうございます。

応援くださったかたがた、ご協力いただいたかたがた、大切なかたがた、なき妻、ここまで導いてくださった神々、そのほかすべてのご縁に心より感謝を申し上げます。

ありがとうございます。

令和6年葉月吉日　NAVI彦

プロフィール

NAVI彦

1984年生まれ。福岡県は菅原道真公ゆかりの太宰府市で育つ。役者を志して上京ののち、劇団を主宰する。脚本・演出・出演・大道具・小道具・映像制作などなどを担いながら10年ほど活動するも、30代のはじめに大阪へと転居。人生の節目を迎えた2018年に、ホツマツタヱと出会う。人間的で豊かな物語にすっかり魅了されてしまうと、神社めぐりをはじめるとともに、ホツマツタヱの考察をブログにて発信するようになる。いまではホツマツタヱYouTuberでもあり、チャンネル登録者数は（まもなく）1万人。研究同人誌『検証ほつまつたゑ』にも連載中。

初心者でもすんなり読める

ゼロから始めるホツマツタヱ

NAVI彦 著

2024年9月9日　初版発行

発行者　磐﨑文彰
発行所　株式会社かざひの文庫
〒110-0002　東京都台東区上野桜木2-16-21
電話／FAX：03 (6322) 3231
e-mail：company@kazahinobunko.com
http://www.kazahinobunko.com

発売元　太陽出版
〒113-0033　東京都文京区本郷3-43-8-101
電話：03 (3814) 0471　FAX：03 (3814) 2366
e-mail：info@taiyoshuppan.net
http://www.taiyoshuppan.net

印刷・製本　モリモト印刷

装丁・イラスト　SENJI
DTP　KM-Factory

ISBN978-4-86723-170-8